KB153606

주니어 8 대학

글쓴이 | **류동민**

서울대학교 경제학과를 졸업하고, 같은 학교 대학원에서 경제학박사 학위를 받았다.
현재 충남대학교 경제학과 교수로 재직하고 있다.
저서로는『수리 마르크스 경제학』,『기억의 몽타주』,『일하기 전엔 몰랐던 것들』,
『마르크스가 내게 아프냐고 물었다』,『프로메테우스의 경제학』,
『시간은 어떻게 돈이 되었는가』 등이 있다.

그린이 | **박우희**

시각디자인을 전공하고 한국일러스트레이션학교(Hills)에서 공부했다.
언제나 재미있는 그림을 그리려 노력하는 두 아이의 아빠이다.
쓰고 그린 책으로는『괴물들이 사라졌다』가 있고, 그린 책으로
『만화광 스텔라, 게임 회사를 차리다』,『괴물 학교 회장 선거』 등이 있다.

 대통령은 돈을 마구 찍을 수 있다고? | **경제학**

1판 1쇄 펴냄 · 2014년 1월 10일   1판 7쇄 펴냄 · 2020년 7월 15일

지은이   류동민
그린이   박우희
펴낸이   박상희
편집주간   박지은
기획 · 편집 이해선
디자인   오진경
펴낸곳   (주)비룡소
출판등록   1994.3.17.(제16-849호)
주소   (06027) 서울시 강남구 도산대로1길 62 강남출판문화센터 4층
전화   영업 02)515-2000 팩스 02)515-2007 편집 02)3443-4318,9
홈페이지   www.bir.co.kr
제품명 어린이용 반양장 도서 제조자명 (주)비룡소 제조국명 대한민국 사용연령 3세 이상

ⓒ 류동민 2013. Printed in Seoul, Korea.

ISBN 978-89-491-5358-2 44320 · 978-89-491-5350-6(세트)

이 도서의 국립중앙도서관 출판시도서목록(CIP)은 서지정보유통지원시스템 홈페이지(http://seoji.nl.go.kr)와
국가자료공동목록시스템(http://www.nl.go.kr/kolisnet)에서 이용하실 수 있습니다.(CIP제어번호: CIP2013028736)

경제학

대통령은 돈을 마구 찍을 수 있다고?

류동민 글 박우희 그림

비룡소

들어가는 글

 여러분은 신문을 읽나요? 읽는다면 무슨 기사부터 보나요? 사람들은 보통 스포츠나 연예 기사, 그리고 정치면이나 사회면을 주로 읽습니다. 대개 경제 기사는 맨 마지막에 읽거나 심지어는 건너뛰곤 하지요. 명색이 경제학자라는 나도 그렇거든요. 통화량이니 경상 수지니 하는 어려운 용어들도 많거니와 구조 조정이니 민영화니 하는, 설명을 들어 보아도 누가 옳고 누가 그른지 판단이 잘 서지 않는 복잡한 문제들도 많기 때문이겠지요. 뭐, 요즘은 종이 신문을 꼼꼼하게 읽는 사람들은 거의 없을 테고 대부분 인터넷 사이트를 통해 신문 기사를 훑어볼 테니, 경제면을 건너뛸 필요조차 없이 아예 검색을 하지 않으면 그만이겠지요.

이렇듯이 경제는 우리 모두가 먹고사는 일과 관련된 문제임에도 기껏해야 경제 기사가 소비되는 방식이란 부동산이나 주식 시세를 점검하는 정도인 것이 현실입니다. 누구나 어떻게 하면 돈을 조금이라도 더 벌어서 보다 여유 있는 생활을 할 수 있을까를 고민할 수밖에 없으므로 경제적 성공에 관심을 갖게 마련입니다. 대형 서점의 경제·경영서 판매대에 쌓여 있는 자기 계발이나 재테크와 관련된 수많은 책들은 이러한 관심을 웅변으로 증명해 주고 있습니다.

그런데 어딘가 이상하지 않나요? 그 누구도 경제 문제를 벗어나서 살아갈 수는 없는데 경제 기사나 경제 전문가들이 하는 얘기는 어렵기만 하다니 말입니다. 물론 그 어려운 얘기를 알아들을 수 있게 되는 것이 경제학을 공부하는 일차적 목표이기도 합니다. 그렇지만 시험 문제 한두 개를 빨리 푸는 것이 공부의 진정한 목적은 아닌 것처럼 경제학을 공부하는 이유가 단지 몇 가지 용어의 의미를 익히는 데에 있는 것은 아닙니다.

먹고살기 위해 노력하는 수많은 사람들이 모여 사회를 이루고 그 사회는 개인의 좋은 의도나 성실한 노력만으로는 헤쳐 나갈 수 없는 원리에 기초하여 움직여 나갑니다. 그러니 나 혼자 잘 한다고 해서, 또는 모든 잘못은 내 탓이라고 반성한다고 해서, 문제가 해결되는 것은 아니겠지요. 경제학은 바로 이렇게 개인과 사회가 어떻게 서로 영향을 주고받으면서 경제 문제가 발생하고 해결되어 가는지, 또는 더 심해지는지를 공부하는 학문입니다.

이 책은 경제학의 세부적인 이론이나 개념을 자세히 풀어 주지는 않습니다. 경제학을 공부해서 무슨 시험을 치고 어떤 직업을 가질 수 있는지에 관해서도 길게 설명하지는 않습니다. 그렇지만 여러분이 설사 경제학과에 진학하지 않더라도 알아 두어야 할 사실을 전합니다. 경제 뉴스의 어려운 용어들, 어려워서 누구나 건너뛰고 싶은 그 용어들 속에는 바로 여러분의 삶을 뒤바꿀 수 있는 매우 중요한 내용이 숨어 있다는 것을 알려 주고자 합니다. 그러므로 예전에 누군가가 한 말을 패러디하자면, 경제 문제는 너무 중요하기 때문에 경제학자들에게만 맡겨 둘 수는 없는 것입니다. 사람 사는 모든 일이 그러하듯, 우리가 하는 일의 정확한 목적과 방향을 아는 것, 그것이 구체적인 내용을 익히고 외우는 것보다는 훨씬 더 중요하기 때문이지요.

1부

경제학,
세상을 해석하고
바꾸는 학문

01

어떻게 밥을 버는가가
어떻게 생각하는가를
결정한다

누구나

밥을 먹어야
한다

　　황사 바람 부는 거리에서 전경들이 점심을 먹는
다. 외국 대사관 담 밑에서, 시위 군중과 대치하고 있는 광장에서,
전경들은 땅바닥에 주저앉아 밥을 먹는다. 닭장차 옆에 비닐로
포장을 치고 그 속에 들어가서 먹는다. 된장국과 깍두기와 졸인
생선 한 토막이 담긴 식판을 끼고 두 줄로 앉아서 밥을 먹는다.
다 먹으면 신병들이 식판을 챙겨서 차에 싣고 잔반통을 치운다.
　시위 군중들도 점심을 먹는다. 길바닥에 주저앉아서 준비해
온 도시락이나 배달시킨 자장면을 먹는다. 전경들이 가방을 들
고 온 배달원의 길을 열어 준다. 밥을 먹고 있는 군중들의 둘레
를 밥을 다 먹은 전경들과 밥을 아직 못 먹은 전경들이 교대로

둘러싼다.

시위대와 전경이 대치한 거리의 식당에서 기자도 짬뽕으로 점심을 먹는다. 다 먹고 나면 시위 군중과 전경과 기자는 또 제가끔 일을 시작한다.

밥은 누구나 다 먹어야 하는 것이지만, 제 목구멍으로 넘어가는 밥만이 각자의 고픈 배를 채워 줄 수가 있다. 밥은 개별적이면서도 보편적이다. 시위 현장의 점심시간은 문득 고요하고 평화롭

다. 황사 바람 부는 거리에서 시위 군중의 밥과 전경의 밥과 기자의 밥은 다르지 않았다. 그 거리에서, 밥의 개별성과 보편성은 같은 것이었다. 아마도 세상의 모든 밥이 그러할 것이다.

위의 글은 소설가인 김훈이 신문 기자로 일하던 시절 썼던 「거리의 칼럼」 중의 하나입니다. 무슨 일인지 모르나 시위대와 경찰이 대치하던 어느 날, 점심시간에 사람들은 잠깐 맞서기를 멈추고 각자 밥을 먹습니다. 시위를 취재하기 위해 현장을 찾았던 기자도 짬뽕을 사 먹습니다. 이 글은 자신의 주장을 강하게 내세우지는 않지만, 결국 모든 사람은 "먹고 살아야 한다."는 아주 단순하면서도 잊기 쉬운 진리를 마치 혼잣말로 읊조리듯 얘기해 주고 있습니다.

"경제학, 무엇을 하는 학문인가?"라는 물음에 답하기 위해 이렇게 밥 얘기로부터 시작하고자 합니다. 물론 이때 '밥'이란 쌀로 만든 음식만을 가리키는 것이 아니고 우리가 살아가면서 먹는 것들, 그리고 굳이 먹는 것뿐만 아니라 우리의 삶을 가꾸어 나가기 위해 필요한 입을 것, 사용할 것 등을 모두 포함하는 개념이라고 할 수 있습니다.

"밥벌이를 한다."(영어에서는 가족의 생계를 책임지는 사람을 '빵을 버는 사람 breadwinner'이라고 부르니 동서양 간에도 차이가 없는 셈입니다.)는 것은 삶을 유지하기 위해 필요한 것들, 흔히 재화(물건)나

서비스라 불리는 것들을 버는 행위를 가리킵니다. 자신이 필요로 하는 재화나 서비스를 직접 만들거나, 자신이 만든 것을 다른 사람들이 만든 것과 교환할 수도 있습니다. 그렇지만 지금 우리가 살고 있는 사회에서는 대부분의 사람들이 대부분의 재화나 서비스를 백화점이나 마트 같은 시장에서 돈을 주고 삽니다. 물론 그 돈을 벌기 위해서는 회사나 공장에 출근해서 일을 해야 하지요.

이렇게 사람들이 필요로 하는 재화나 서비스를 돈을 주고 사고파는 관계를 통해 경제 활동이 이루어지는 사회를 시장 경제 시스템이라고 합니다. 경제학은 무엇보다도 시장 경제 시스템이 어떤 원리에 기초하여 어떻게 돌아가는가를 연구하는 학문입니다. 그러므로 경제학이 가장 먼저 해야 할 과제는 시장 경제가 작동하는 원리를 밝히는 것입니다.

경제가 어떤 시스템으로 운영되는가, 즉 어떤 방식으로 재화와 서비스를 만들고 나눠 갖는가에 따라 그 속에서 하루하루를 살아가는 사람들의 생각도 영향을 받습니다. 시스템이 다르면 생각도 달라지는 것이지요.

이를테면 시장 경제에서는 원칙적으로 누구나 돈만 있으면 원하는 재화나 서비스를 구입할 수 있기 때문에, 모든 사람들은 평등하다는 생각이 싹트게 됩니다. 아직도 학벌이나 인종, 성적 취향 등으로 차별당하는 사람들이 있기는 하지만, 적어도 제대로 된 시장이라면 돈을 차별하지는 않습니다. 돈을 가진 사람이 부자이건 가난하건, 남자건 여자건, 백인이건 흑인이건, 시장은 돈의 액수만 보고 판단하지요. 많은 사람들이 시장 경제의 발전은 곧 민주주의의 발전이라고 생각하는 것도 그 때문입니다.

서양의 모든 학문이 그에게서 비롯되었다고 할 정도로 뛰어난 학자였던 아리스토텔레스조차도 모든 사람이 평등하다는 생각에는 이르지 못했습니다. 왜냐하면 그가 시민과 노예를 엄격하게 구분하는 것이 당연하게 여겨지던 시대에 살았기 때문입니다. 흔히 민주주의가 고대 그리스 사회에서 꽃을 피웠다고 하지만, 정확하게 말하면 그것은 사회 구성원의 일부인 시민들에게만 국한되는 민주주의였던 것입니다.

정의론에 관한 강의와 저술로 유명한 하버드 대학의 철학자 마이클 샌델은『돈으로 살 수 없는 것들』이라는 제목의 책도 썼습니다. 샌델의 중요한 주장 중의 하나는 시장에서 잘 팔린다고 해서 도덕적으로 옳은 것은 아니라는 점입니다. 장기 밀매나 마약 거래 등과 같이 사회적으로 인정받지 못하는 거래도 돈벌이가 목적이 되면 끊임없이 생겨나고 유지됩니다.

굳이 이러한 극단적인 예가 아니더라도 예전에는 돈을 주고 사리라고는 생각하지 못했던 것들이 시장에서 거래되는 경우가 매우 많습니다. 어떤 사람이 훌륭하다는 입소문은 그저 그 사람 자신에게 남들로부터 인정받는다는 만족감을 주는 것에 지나지 않을 테지만, 시장 경제 시스템에서는 그 사람에게 막대한 금전적 이득을 가져다줄 수도 있습니다. 브랜드나 상표 같은 것들은 바로 이러한 입소문이 구체적인 경제적 권리로 자리 잡은 예입니다.

때로는 나쁜 의미에서라도 입소문이 나면 돈을 벌 수 있는 기회가 되기도 합니다. 연예인들이 심지어는 스캔들을 일으켜서라도 인터넷 인기 검색어에 오르려는 이른바 노이즈 마케팅을 하는 것이 좋은 예일 것입니다. 사회적으로 인정받으며 생활을 유지하는 주된 방법이 돈을 통해 시장 거래를 하는 것이 되면서 사람들의 행동이나 사고방식, 삶의 목표까지도 변하는 것입니다.

피라미드는
정말

불가사의일까?

　　이집트의 피라미드를 가리켜 흔히 세계 7대 불가사의 중의 하나라고 말합니다. 혹시 인류보다 훨씬 더 발달한 외계의 생명체가 오래전 지구에 와서 만들어 놓고 간 것은 아닐까 하는 농담 반 진담 반의 추측이 있을 정도입니다. 가장 유명한 기자의 피라미드만 해도 10만 명이 넘는 사람이 적어도 20년은 일해야 지을 수 있었을 규모라고 하니 그럴 만도 하지요. 지금에 비하면 형편없이 낮은 수준이었을 건축술로 어떻게 그처럼 어마어마한 피라미드를 짓겠다는 엄두를 낼 수 있었을까요?

　　만약 모든 사람이 평등하다는 생각을 가진 사회, 아니 그 이전에 시장에서 자유롭게 재화와 노동력을 사고파는 사회였더라면

피라미드를 만드는 것은 불가능하였을지도 모릅니다. 피라미드는 기본적으로는 파라오(고대 이집트의 왕) 한 사람을 위한 무덤이므로 실용적 목적에서 보면 불필요하게 큰 데다 그만큼 건축 비용도 많이 듭니다. 수많은 노예들의 노동력을 저렴하게, 아마도 거의 공짜로 동원할 수 있는 사회가 아니었더라면, 피라미드를 만들 생각조차도 할 수 없었을 것입니다.

사람들의 생각이 다르면 그 생각이 표현되는 방식도 달라집니다. 대체로 사람들을 정치적으로나 종교적인 목적에서 손쉽게 동원할 수 있는 체제일수록, 보편적 인권에 대한 개념이 약한 사회일수록 피라미드처럼 위압적이고 비실용적인 건축 양식이 발전할 가능성이 큽니다. 20세기에 파시즘이나 전체주의적 성향을 띠었던 사회주의 국가들에서 대형 건축물이나 동상을 많이 만들었던 이유도 여기에 있을 것입니다.

> 사람들이 자신의 감정이나 사상을 표현하는 대표적인 방법이 문학이나 음악, 춤 같은 예술이라고 할 수 있다. 그런데 어떤 시대인가에 따라 예술의 양식조차도 달라진다.

그러므로 사람들이 어떻게 생각하는가의 차원을 넘어 그들이 속한 사회가 어떤 식으로 생각하는가도 결국에는 그 사회가 먹고사는 원리에 기초하게 됩니다. 물론 같은 사회라 하더라도 그 사회에 속한 개인의 생각은 조금씩 다를 수 있는데, 이 또한 개인이 어떤 관계 속에서 어떤 일을 해서 먹고사는가에 따라 달라질 수 있

주니어 대학

기 때문입니다.

이러한 의미에서 경제학은 모든 인문·사회 과학의 기초를 이루는 학문 중의 하나가 되는 것입니다. 보통 사회 과학으로 분류되는 학문들에서는 개인의 행동이 어떤 방식으로 사회적 구조와 연결되어 있는지를 다루고자 합니다. 물론 정치적, 방법론적 입장의 차이에 따라 어떤 사회 과학자들은 개인의 행동에 더 큰 중요성을 부여하기도 하고, 다른 사회 과학자들은 사회 구조가 개인에게 미치는 영향력을 더 강조하기도 합니다.

사실 현대 경제학은 수학적인 방법을 이용하여 경제 관계를 엄밀하게 분석하는 데 집중하는 경향이 있습니다. 그렇기 때문에 경제를 사회 구조와 개인의 관계로 분석하는 주제에 관해서는 다소 소홀하게 다루려는 것도 사실입니다. 그렇지만 우리가 경제학을 공부할 때 잊지 말아야 할 것은 화려한 수학적 테크닉이나 복잡한 통계 자료의 이면에는 바로 이렇게 '밥을 버는 방식'에 대한 고민이 놓여 있다는 사실입니다. 그것만으로도 경제학이 무엇을 하는 학문인가에 대해 반쯤은 이해했다고 해도 지나친 말은 아니리라 믿습니다.

02

경제학이

고민해야 하는

가치들

열차 요금은

어떻게
결정해야 할까?

　　추석이나 설에는 수많은 사람들이 고향을 찾아
갑니다. 연휴 기간 내내 고속 도로는 몰려든 차들 때문에 몸살을
앓게 마련이고, 교통 정체 없이 빨리 갈 수 있는 열차표를 구하기
는 하늘의 별 따기와도 같습니다. 해마다 되풀이되는 귀성 및 귀
경 전쟁을 해결하려면 어떻게 하는 것이 좋을까요?

　평소 5만 원가량인 요금을 명절 기간 중에만 50만 원 정도로
대폭 인상하면 어떨까요? 틀림없이 기차를 타려는 사람들의 숫
자는 눈에 띄게 줄어들 것이고 표를 구하기 위한 소모적인 경쟁
도 피할 수 있을 것입니다. 그러나 가난한 사람들은 명절에 고향
조차 갈 수 없다는 새로운 문제가 생겨납니다.

그렇다면 누구나 쉽게 고향에 갈 수 있기 위해서는 요금 체계가 어떻게 결정되어야 하는 것일까요? 정부가 요금을 일정 수준 이상은 받지 못하도록 규제해야 할까요? 그런데 돈벌이가 목적인 철도 회사가 과연 순순히 응할까요? 만약 반발하면 누가, 어떻게 설득해야 할까요?

위의 얘기는 "경제학이 어떤 가치를 기준으로 삼아야 할 것인가?"라는 문제를 생각하게 만듭니다. 경제 현상을 분석하는 것은 물론 그 자체로서도 중요한 일이기는 하지만, 그것에 기초하여 더 나은 대안을 제시하지 못한다면 큰 의미가 없는 일일 것입니다. 마치 병을 진단하기만 하고 치료법을 주지 못하는 의사와 비슷하다

고나 할까요? 그런데 병을 진단하고 고치기 위해서는 어떤 상태가 병이 없는 상태, 즉 건강한 상태인가에 관해 정의할 수 있어야 합니다. 경제학도 이와 마찬가지로 사람들이 밥을 만들고 나누는 행위인 경제 활동에 대해 바람직한 상태가 어떤 것인지를 판단해야 합니다.

경제학에서 중요하게 생각하는 가치로는 크게 세 가지를 들 수 있습니다.

먼저 효율성입니다. 우리는 흔히 돈을 아끼거나 이익이 될 때 '경제적이다'라는 표현을 사용합니다. 또 '경제학은 최소의 비용으로 최대의 효과를 추구하는 학문'이라는 말도 합니다. 이러한 얘기들은 대체로 같은 내용을 가리키는데, 바로 주어진 목표를 달성하기 위해 사용되는 자원을 최대한으로 아껴야 한다는 것을 의미합니다.

개인이나 기업, 국가의 의사 결정 과정에서도 효율성은 매우 중요한 기준입니다. 여러분이 시험공부를 하는 것을 생각해 보더라도 효율성은 목표, 즉 좋은 성적을 얻기 위한 중요한 기준이 되는 것을 쉽게 알 수 있습니다. 주어진 공부 시간을 낭비하지 않고 얼마나 아껴서 사용하는가, 공부량에 비해 좋은 성적을 얻을 수 있는 과목에 얼마나 집중하는가 등은 바로 효율성이라는 기준을 나타냅니다. 국가 경제 전체적으로도 가지고 있는 자원을 얼마나 적절하게 필요한 곳에 배분하느냐의 문제는 효율성이라는 기준이 없으면 판단하기 어렵습니다.

다음으로는 공평성입니다. 공평성의 원칙은 누구나 평등하게 가치 있는 삶을 누릴 권리를 보장받아야 한다는 근대 사회의 기본 원칙을 근거로 합니다. 똑같은 일을 하는데 누구는 다른 이들보다 훨씬 적은 수입밖에 얻지 못하고, 그 결과 인간다운 삶을 누리기 힘들어진다면 그 사회는 공평하다고 말할 수 없습니다. 물론 공평성이라는 것도 구체적으로 들어가면 도대체 무엇을 평등하게 해야 하는지, 어느 정도까지 평등하게 해야 하는지 등의 결정하기 어려운 문제들이 많이 있습니다.

예를 들어 아버지가 부자라는 이유만으로 자녀가 별다른 노력 없이 부를 그대로 물려받는 것은 불공평한 일일까요? 아니면 아버지가 노력해서 번 돈을 자녀에게 물려줄 수 있으므로 공평한 일일까요? 만약 불공평을 바로잡으려고 상속 재산에 세금을 물린다면 세율을 어느 정도나 매기는 것이 공평할까요? 이와 비슷한 수많은 문제들이 존재합니다. 그래도 어쨌거나 공평성이 하나의 중요한 목표가 되어야 한다는 데에는 누구나 동의할 수 있을 것입니다.

마지막으로는 민주주의입니다. 정치도 아닌 경제에서 민주주의를 말하는 것이 약간 의아할지도 모르겠습니다. 흔히 대통령이나 국회 의원을 1인 1표의 투표를 통해 직접 선출하는 것 정도만을 민주주의라고 생각하는 경향이 있기 때문입니다. 그러나 사람들이 자신의 삶에 커다란 영향을 미치는 의사 결정과 관련하여 자신의 입장을 충분히 밝히고 토론할 수 있는가 없는가는 비단 정치 생활에만 국한된 문제는 아닙니다.

시장 경제는 기본적으로 사유 재산권을 법이나 제도로 엄격하

게 보장하는 것에 기초를 두고 있습니다. 그러나 재산권만으로는 규정하기 힘든 경제 문제들도 많습니다. 어떤 기업이 주택가 근처에 공장을 짓고 오염 물질을 배출하는 경우를 생각해 봅시다. 그로 말미암아 공장 근처에 사는 사람들은 피해를 입게 됩니다. 이 경우 기업의 재산권을 보장하는 것만으로 환경 오염 문제를 해결할 수 있을까요? 만약 오염 때문에 피해를 입는 주민들에게 경제적으로 보상해 준다면 얼마나 해 주어야 할까요? 이런 문제는 이해 당사자들의 입장을 충분히 감안하여 민주적인 의사 결정을 거쳐야 비로소 해결될 수 있습니다.

이상의 세 가지 기준, 즉 효율성과 공평성, 그리고 민주주의가 항상 같은 방향으로만 움직인다면 별로 고민할 필요가 없을 것입니다. 어떤 경제 활동이나 정부의 경제 정책이 효율적이면서 공평하기도 하고 아울러 민주적 의사 결정을 거친 것이라면 아무 문제가 없겠지요. 그런데 이러한 세 가지 기준들은 함께하기보다는 오히려 서로 충돌하는 것이 현실입니다.

꽉 막힌 도로에서

아이스크림이
먹고 싶다면?

부모님과 함께 휴가를 떠나는 자동차 안입니다. 고속 도로는 꽉 막혀서 차가 움직일 생각도 하지 않습니다. 차창으로 비치는 햇볕은 뜨겁기만 하고 문득 시원한 아이스크림이라도 하나 먹었으면 하는 생각이 듭니다. 휴게소는 아직 한참 남았으니 참는 수밖에 없겠지요? 이때 갑자기 도로변에서 아이스크림을 파는 아저씨가 나타납니다. 아이스크림 가격은 편의점에서 사는 것보다 훨씬 비싸지만 그렇게 반가울 수가 없습니다.

이런 경험을 해 본 사람은 여러분 중에 꽤 있을 것입니다. 물론 고속 도로 위에서 물건을 파는 행위는 불법이지만, 필요로 하는 사람, 기꺼이 돈을 낼 준비가 된 사람들만 있다면, 온갖 위험을 무릅쓰고라도 반드시 파는 사람이 생겨나는 법이지요.

시장 경제에서는 누구나 자신의 경제적 이익을 최우선으로 생각하여 의사 결정을 합니다. 굳이 누가 시키지 않더라도 시장에서 잘 팔릴 만한 물건이 어떤 것일지 밤새워 궁리하여 만들기도 합니

다. 의사 결정이 합리적으로 이뤄진 것이라면 그 사람은 시장에서 충분한 보답을 받게 됩니다. 반면에 노예 주인이 폭력으로 노예에게 일을 시키거나 경제적 보상 없이 명예나 정신적 가치만을 추구하는 시스템에서는 사람들이 필요로 하는 재화나 서비스가 즉각 공급되기 어렵습니다.

경제학의 시조 격인 애덤 스미스가 '보이지 않는 손'이라는 말로 설명하려 했던 것도 바로 이와 같은 시장 경제 시스템의 효율성이었습니다. 스미스에 따르면 우리가 매일 아침 빵과 고기를 먹을 수 있는 것은 제빵 업자나 푸줏간 주인의 자비심 때문이 아니라 이기심 때문입니다. 누가 명령하거나 지휘하지 않더라도 생산자는 자발적으로 더 비싼 가격을 받을 수 있는 제품을 만들려고 노력하고, 소비자는 조금이라도 더 싼 가격에 품질 좋은 제품을 구입하려고 애쓰는 과정에서 밥을 만들고 나누는 활동이 원활하게 이루어진다는 것이지요.

그렇지만 효율성이 공평성을 보장하는 것은 아닐 뿐더러 매우 자주 불공평한 결과를 가져오기도 합니다. 시장은 돈을 차별하지 않는다는 얘기를 한 바 있습니다. 이것은 뒤집어서 얘기하면 돈이 없는 사람을 차별할 수 있다는 뜻이기도 합니다. 시장 경제에서는 인간으로서 최소한의 자기 존엄성을 유지하기 위해 필요한 재화나 서비스도 돈이 없으면 원칙적으로 구할 수가 없습니다. 반면 상

주니어 대학

식에서 벗어나는 소비 활동도 돈이 있는 사람은 아무런 문제없이 실행할 수가 있는 것입니다.

효율성과 공평성이 충돌하는 예는 얼마든지 찾아볼 수 있습니다. 지금 이 순간에도 아프리카의 많은 가난한 사람들은 에이즈나 심지어는 설사병 때문에 죽어 갑니다. 사실 기초적인 치료약이나 깨끗한 식수만 충분히 공급되어도 많은 목숨을 살릴 수 있을 정도입니다. 그러나 주로 선진국에 기반을 둔 거대 제약 회사들은 이윤 추구를 위해 약을 싸게 공급하지 않을 뿐더러 카피약(정품은 아니지만 약효는 유사하게 유지되는 모조품)의 보급까지 막고 있습니다. 이윤을 추구하는 기업이 물의 공급을 통제하기 때문에, 가난한 사람들은 오염된 물을 마시기도 합니다.

물론 지적 재산권이나 적절한 이윤을 얻는 것이 보장되지 않으면 치료약을 개발하기 위해 쉴 새 없이 노력하는 사람들도 줄어들 것이고 그래서 과학 발전이 늦어질 것이라 주장할 수도 있습니다. 즉 효율성이라는 관점에서 보면 새로운 약을 개발한 이들에게 많은 금전적 보상이 주어질수록 우수한 인력들이 더욱 많이 노력할 것이고 궁극적으로는 인류 전체에게 이득이 된다는 논리이지요. 그렇지만 살릴 수 있는데도 돈이 없다는 이유로 죽어가는 사람들을 그냥 지켜보기만 하는 것은 너무 불공평한 일이 아닌가요?

민주주의 또한 마찬가지입니다. 정부가 경제 정책을 집행하는 경우, 그 정책에 영향을 받는 사람들은 매우 많고 각자의 입장에 따라 이해관계가 서로 다를 것입니다. 그 정책 때문에 어떤 이들은 경제적으로 큰 이익을 얻는가 하면 다른 어떤 이들은 커다란 손해를 보기도 하겠지요.

예를 들어 외국과 자유 무역 협정(FTA)을 맺게 되면, 소비자는 다양한 외국산 상품들을 값싸고 손쉽게 구입할 수 있으므로 이득을 얻지만, 경쟁력이 떨어지는 국내 산업(한국의 경우, 농업이 대표적입니다.)에 종사하는 사람들은 손해를 보게 됩니다. 이렇게 영향받는 이해 당사자들의 입장을 충분히 민주적인 방식으로 고려하기보다는 그냥 대통령이나 장관이 일방적으로 결정해 버리고 집행하는 것이 훨씬 효율적인 경우도 있겠지요. 수많은 사람들의 이해관계를 민주적으로 조정하는 데에는 시간과 노력이 많이 들기 때문에, 그러한 과정을 생략하면 그만큼 비용을 줄이는 측면도 있기 때문입니다.

사실 멀리 갈 것도 없이 과거 한국의 군사 독재 정권에서는 많은 정책을 그와 같이 실시한 바 있습니다. 물론 아주 운이 좋으면 그러한 정책이 사회 전체적으로 이득이 되는 결과를 가져올 수도 있습니다. 그러나 그렇다고 해서 정책 결정에 의해 크고 작은 영향을 받는 사람들의 의사를 무시하고 처리하는 게 옳은 일일까요? 만약 민주주의가 중요한 가치라면 약간 비효율성이 생기더라도 사회 구성원들 간의 충분한 의견 교환과 조정을 거치는 것이 오히려 더 중요하지 않을까요?

효율성과 공평성, 민주주의라는 세 가지 가치를 동시에 충족하기는 매우 어렵습니다. 어쩌면 불가능에 가까운 일일지도 모릅니다. 하지만 그러한 노력을 포기하지 않고 끊임없이 해 나가는 것은 우리가 사는 사회가 장기적으로 발전하기 위해서 꼭 필요한 일입니다. 그러므로 이러한 가치들을 구체적으로 설정하고 평가하는 것은 경제학이 담당해야 할 가장 중요한 과제입니다.

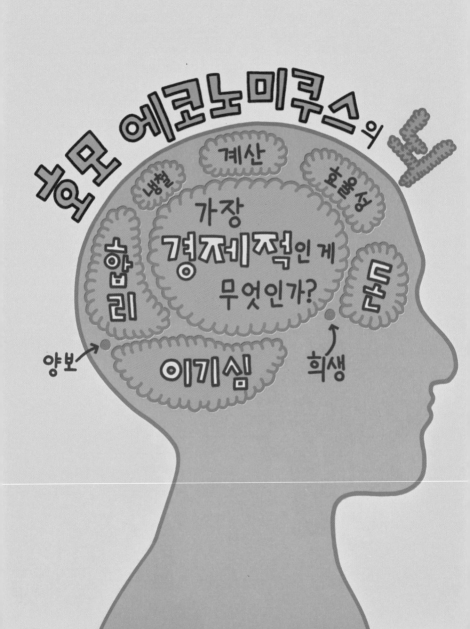

03

사람은

합리적

동물이다?

링컨 대통령이
노예 해방을

지지한 이유는?

"골목길이 이제 완전히 차도가 돼 버렸어요."

10일 오후, 서울 동작구 대방동 신대방 삼거리에 맞닿은 폭 3미터의 주택가 일방통행로는 꼬리를 물고 진입하는 차량들로 혼잡했다. 방심하고 길을 건너려던 시민들이 시속 50~60킬로미터로 질주하는 차들에 뒷걸음질 치는 아찔한 상황도 벌어졌다.

동네 토박이들이나 경력이 오래된 택시 기사들만 알던 동네 골목길 '매실길'의 통행 차량이 늘어난 건 4~5년 전부터. 내비게이션이 본격적으로 보급되면서 '최단 거리'를 검색한 운전자들이 보라매 역을 지나는 대로 대신 신대방 삼거리와 대방 역을 연결하는 지름길인 이 길로 들어서기 시작한 것이다. 대방동에서

10년째 공인 중개사 사무소를 운영하고 있는 정 모 씨는 "조용한 단독 주택지였던 곳이 수년 전부터 완전히 변했다."며 "큰길이 막히는 것도 아닌데 내비게이션을 찍고 오는 사람들은 대각선으로 질러서 온다."고 말했다.

이처럼 내비게이션을 탑재한 차량이 늘면서 동네 골목길이 차도로 변하고 있다. 도로 표지판으로는 알기 어려운 이면 도로가 내비게이션을 통해 검색되면서부터다. (『문화일보』 2010년 7월 12일자)

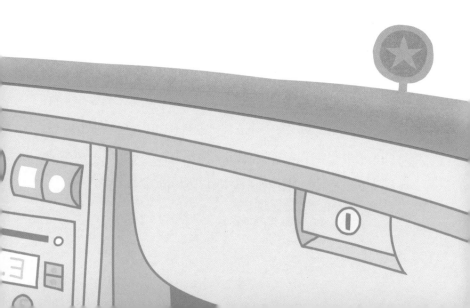

위의 신문 기사는 내비게이션이 보급되면서 생겨난 뜻밖의 문제를 설명하고 있습니다. 운전을 하는 사람에게는 어떤 목적이 있을까요? 자신이 원하는 곳에 가능하면 빠른 시간 안에 도착하기일 것입니다. 내비게이션이 보급되었더라도 사람들이 굳이 최단 거리를 검색하려 들지 않는다면 이러한 문제는 생기지 않았을 것입니다. 이 얘기를 경제 문제에 적용하면 어떻게 될까요? 사람들은 자신이 얻을 수 있는 여러 가지 정보를 최대한 감안하여 경제적 이익을 얻는 데 가장 적합한 방식으로 행동한다는 것입니다.

경제학을 비롯한 모든 사회 과학은 사람들이 서로 협력하고 대립하면서 살아가는 과정을 연구 대상으로 삼습니다. 예를 들어 정치학은 사람들이 권력을 얻으려고 서로 다투기도 하고 협동하기도 하는 과정을 분석하는 것이지요. 그러므로 모든 사회 과학에서는 그 중요한 연구 대상인 사람의 행동에 대해 일정한 가정을 해야 합니다. 흔히 경제학을 가정의 학문이라고 합니다. 경제학자들은 무인도에서 불을 피워야 할 때도 "성냥이 있다고 가정하자." 라고 말한다는 우스갯소리도 있을 정도입니다.

물론 현실과 너무 동떨어진 가정만 한다면 문제가 있겠지만, 경제학자들이 가정을 많이 하는 데에는 나름대로 까닭이 있기는 합니다. 사람은 누구나 제각각으로 행동한다고 생각해서는 그 이상 의미 있는 분석을 이끌어 내기가 쉽지 않기 때문이지요.

현대 경제학에서는 일반적으로 '사람들은 합리적으로 행동한다'고 가정합니다. 합리적이라는 것은 자신에게 주어진 한정된 양의 자원을 감안하면서 자신의 목표를 가장 효율적으로 달성할 수 있는 수단을 냉철하게 계산하여 선택한다는 뜻입니다. 더구나 사람들은 무엇보다도 자기 자신의 이익을 키우는 것을 최고의 목표로 삼는다는 의미에서 이기적으로 행동합니다. 이렇게 이기심을 바탕에 깔고서 합리적으로 행동하는 인간을 흔히 호모 에코노미쿠스, 즉 경제(학)적 인간이라고 부릅니다.

사실 사람들의 행동을 설명하는 데 있어서 호모 에코노마쿠스만큼 강력한 설명력을 갖는 가정도 그리 흔치는 않습니다. 예를 들어 여러분이 대학에 진학할 때 지망 학과는 어떻게 결정될까요? 물론 원칙적으로는 학생 자신의 취미나 관심, 적성 등이 가장 중요하게 고려되어야 할 것입니다. 그러나 현실적으로는 해당 학과를 졸업한 뒤에 어떤 직장에 취업해서 얼마나 돈을 벌 수 있을지를 중요한 의사 결정 요인으로 삼습니다. 그래서 한때는 인기 있던 전공 분야가 그 분야와 관련되는 산업이 쇠퇴하면서 기피하는 분야가 되기도 하고, 그 반대 현상이 일어나기도 합니다. 아주 냉정하게 말하자면, 학생이나 학부모는 대학 교육에 들인 돈이 얼마만큼의 수익을 가져다줄 것인지를, 마치 주식 투자의 수익률을 예상하듯이 계산하는 셈입니다.

호모 에코노미쿠스의 가정은 비경제적 행동에 대해서도 상당한 설득력을 갖고 있습니다. 어떤 나라의 정치, 외교, 군사적 행동이 실상은 그것을 통해 경제적인 이익을 얻기 위한 경우도 많이 있습니다. 유명한 예는 흑인 노예 해방의 계기가 되었던 미국의 남북 전쟁입니다.

보통 위인전에서는 링컨 대통령이 흑인 노예를 해방하겠다는 휴머니즘적 의지를 가졌다는 점을 강조합니다. 그러나 많은 경제학자나 역사학자의 연구에 따르면, 링컨 대통령이 속한 북부는 공업 발전을 위해 대량의 노동력이 필요했기 때문에 경제적인 이유에서 노예 해방을 지지할 수밖에 없었다고 합니다. 남부의 농장에 묶여 있는 흑인 노예들이 풀려난다면, 값싼 노동력이 많이 공급될 수 있었을 테니까요.

나는
과연

호모 에코노미쿠스일까?

　심리학자이면서 노벨 경제학상을 받은 대니얼 카너만의 『생각에 관한 생각』이라는 책은 사람들이 합리적으로 행동하지 못하는 여러 가지 상황들을 풍부한 예와 함께 재미있게 설명합니다. 카너만이 소개하는 실험 중에는 다음과 같은 결과가 있습니다.

　의사들에게 암 환자에 대한 두 가지 치료법을 객관적으로 비교하는 설명을 들려줍니다. 즉 수술을 하면 환자가 5년 동안 생존할 확률이 통계적으로 더 높지만 수술은 방사선 치료보다 단기적으로는 위험하다는 결점을 알려주면서 의사들 중의 절반에게는 생존율 통계를, 나머지 절반에게는 사망률 통계를 제시했다고 합니다.

한 그룹에게는 "환자가 1개월 뒤에 생존해 있을 확률은 90퍼센트이다."라고 설명하고 다른 그룹에게는 "환자가 1개월 안에 사망할 확률은 10퍼센트이다."라고 설명한 것입니다. 실은 똑같은 얘기인 셈이지만, 앞의 설명을 들은 의사들 중에서 84퍼센트는 수술을 선택한 반면, 뒤의 설명을 들은 의사들 중에서는 50퍼센트만이 수술 치료를 선택했다고 합니다.

호모 에코노미쿠스 가정은 매우 강력하지만, 그에 대한 반론도 만만치 않습니다. 최근 각광받고 있는 행동 경제학이라는 분야에서는 과연 사람이 합리적으로 행동하는지에 대해 많은 의문을 제기하면서 새로운 연구 결과를 내놓기도 합니다. 우리 일상생활을 조금만 돌이켜 보아도 쉽게 확인할 수 있듯이, 인간은 언제나 많은 실수를 하면서 의사 결정을 내린 다음 곧 후회하곤 합니다.

진정한 호모 에코노미쿠스라면 마트에 가서 장을 볼 때도 자신의 예산을 면밀하게 계산하면서 진열되어 있는 많은 상품들의 가격과 품질에 관한 정보를 충분히 수집, 분석한 다음 합리적으로 구매를 결정해야 합니다. 그러나 대부분의 사람들, 심지어는 경제학자들조차도 그렇게 합리적으로 행동하는 것만은 아닙니다.

일단 정보가 부족해서 비합리적으로 행동할 수도 있고, 가지고 있는 정보가 너무 많아서 오히려 비합리적으로 행동할 수도 있습니다. 만약 마트 안 어디에 무슨 제품이 있는지 몰라서 못 샀다면 정보 부족 탓이라고 할 수 있고, 너무 많은 제품들이 있어서 도대체 무엇을 선택해야 할지 확신이 서지 않거나 컴퓨터처럼 정확하게 계산할 수 없어서 제대로 소비를 못할 수도 있지요.

> "어떻게 밥을 만들고 버는가가 어떻게 생각하는가를 결정한다."라는 명제에 따르면, 어떤 행동이 '합리적이다'라고 평가하는 것도 어떤 시대, 어떤 사회이냐에 따라 달라질 수 있다.

과연 사람들이 어떤 상황에서 어느 정도나 합리적으로 행동하는지, 만약 비합리적으로 행동하는 사람들이 많아지면 경제 현상을 어떻게 체계적으로 이해할 수 있을지 하는 것들은 이미 현대 경제학에서 매우 유망한 연구 분야로 떠오르고 있습니다. 여러분이 나중에 만약 경제학을 공부하게 된다면 의욕을 갖고 깊이 탐구해 볼 만한 가치가 있는 주제일 것입니다.

어쨌든 적어도 지금 대학교에서 공부하는 경제학 교과서에서는 기본적으로 호모 에코노미쿠스를 가정하여 이론을 전개하고 있습니다. 대다수의 경제학자들은 사람들이. 많은 경우에 비합리적으로 행동한다는 점을 알지만 일단 합리적이라고 가정함으로써 이론을 논리적으로 전개할 수 있다고 생각합니다.

약간 다른 얘기지만 경제학에서 '가정'이 차지하는 역할이 무엇

주니어 대학

인가에 관해서도 비슷한 얘기를 해 볼 수 있습니다. 밀턴 프리드먼이라는 경제학자는 당구 선수가 물리학적 법칙을 정확하게 이해해야 공을 잘 칠 수 있는 것은 아니라는 유명한 비유를 들면서 가정이 약간 비현실적이더라도 분석 결과가 현실을 잘 설명하고 예측할 수 있기만 하면 된다고 주장했습니다. 즉 당구 선수가 물리학적으로는 매우 비현실적인 가정을 머릿속에 그리며 공을 쳤더라도 자신이 의도한 대로 공을 잘 맞추면 된다는 것이지요. 이것은 조금 어려운 말로 도구주의적, 실증주의적 방법론이라고 부르는 것인데, 사실 많은 현대 경제학자들이 이 방법론을 채택하고 있습니다.

우리가 살아가는 삶의 현실은 매우 복잡해서 한두 마디로 간단하게 표현하기는 힘듭니다. 어쩌면 불가능한 일이겠지요. 그러므로 사회 현상을 설명하고 예측하기 위해서는 현실을 어느 정도 단순하게 만들어 보는 가정이 반드시 필요한 것이 사실입니다. 모든 것을 다 설명하는 것은 사실은 아무것도 설명하지 못할 수도 있기 때문이지요.

그렇다고 해서 너무 지나친 가정을 많이 하다 보면 현실과 동떨어진 엉뚱한 결론으로 이어질 수도 있습니다. 현실을 충분히 설명하면서도 그 복잡함에 정신을 잃지 않도록 균형을 잡는 것이야말로 모든 학문, 특히 경제학에서 필요한 일입니다. 여러분의 생각은 어떤가요? 비단 경제학을 전공하지 않더라도 이러한 철학적인 문제는 우리가 삶을 살아가면서 늘 부딪히는 문제이기도 하므로 한 번쯤 생각해 보기 바랍니다.

살진 일곱 암소와

파리한
일곱 암소

다음 이야기는 구약 성서 「창세기」에 나오는 유명한 일화입니다.

"바로(이집트의 파라오)가 꿈을 꾼즉 자기가 나일 강가에 서 있는데, 보니 아름답고 살진 일곱 암소가 강가에서 올라와 갈밭에서 뜯어먹고, 그 뒤에 또 흉하고 파리한 다른 일곱 암소가 나일 강가에서 올라와 그 소와 함께 나일 강가에 서 있더니, 그 흉하고 파리한 소가 그 아름답고 살진 일곱 소를 먹은지라 바로가 곧 깨었다가……."

이 이야기를 들은 요셉은 바로의 꿈을 일곱 해 동안 큰 풍년이 있고 난 뒤에 일곱 해 동안 흉년이 든다는 예언으로 풀이하면서, 그 대응책을 제시합니다.

"이제 바로께서는 명철하고 지혜 있는 사람을 택하여 애굽 땅
을 다스리게 하시고, 바로께서는 또 이같이 행하사 나라 안에 감
독관들을 두어 그 일곱 해 풍년에 애굽 땅의 오분의 일을 거두

음매~

되, 그들로 장차 올 풍년의 모든 곡물을 거두고 그 곡물을 바로
의 손에 돌려 양식을 위하여 각 성읍에 쌓아 두게 하소서."

체코의 경제학자 토마스 세들라체크는『선악의 경제학』이라는
책에서 위의 일화를 일종의 경제 예측에 관한 이야기로 해석합니
다. 즉 경기가 좋을 때에 세금을 거두어 놓았다가 경기가 나빠졌
을 때 돈을 풀어야 한다는 논리이지요. 그럴듯한가요? 세들라체크
에 따르면 경제학은 아무리 복잡한 수식을 사용하더라도 우리 주
변의 세계를 이해하기 위한 '이야기'입니다.

미국의 경제학자 디어드르 매클로스키는 한술 더 떠 자신의 전
공은 수사학이라고 말합니다. 매클로스키에 따르면 경제학을 포
함한 모든 학문은 사람을 설득하기 위한 수사학적 활동입니다. 이
러한 주장은 좀 극단적이기는 하지만 매우 중요한 한 가지 측면을

설명하고 있습니다. 경제학은 사람들의 경제생활이 어떤 원리에 기초하여 어떻게 이뤄지는가를 효과적으로 설명하는 하나의 방식이라는 것이지요.

진화 생물학자들의 연구에 따르면 인간에게는 이야기를 만들려는 성향이 있습니다. 과거에 겪었던 어떤 경험이나 사건, 세대 간의 가르침 등을 이야기의 형태로 만들어 주고받는다는 것입니다. 그렇다면 경제학은 경제에 관한 이야기가 되는 셈입니다.

흔히 경제학 교과서는 맨 앞에서 "경제학은 희소성의 학문"이라고 정의합니다. 인간의 욕망은 무한한데 그 욕망을 충족시킬 수 있는 자원은 희소하다, 즉 드물다는 것이지요. 희소성의 문제 때문에 한정된 자원을 어떻게 효과적으로 배분할 것인가가 중요한 문제가 됩니다. 그래서 우리의 경제적 삶은 희소성을 해결하기 위한 노력으로 묘사될 수 있습니다.

자원은 희소하므로 항상 신중하게 생각해서 합리적으로 선택해야 합니다. 무엇인가를 선택한다는 것은 다른 무엇인가를 포기한다는 뜻이므로 선택에는 비용이 따릅니다. 여러분이 시험 기간 중에 피시방에서 게임을 하며 한 시간 동안 즐겁게 놀았다면, 그 시간 동안 시험공부를 할 기회를 포기한 셈입니다. 그러므로 피시방에 가는 것의 비용은 시험공부 한 시간만큼인 것이지요. 잡지 않고 놓쳐 버린 기회의 비용이라는 의미에서 기회비용이라고 부릅니다. 경제학자들이 선택과 그 대가에 관해 그토록 강조하는 이유가 이 때문이지요.

위에서 인용한 구약 성서의 일화를 경기 예측에 관한 이야기로 해석한다고 생각해 봅시다. 경제 상황이 좋을 때 정부가 세금을 많이 걷어 두었다가 상황이 나빠졌을 때 풀어서 경제를 살릴 수 있다고 믿는 경제학자라면, 그 경제학자가 머릿속에 그리는 이야기는 무엇일까요? 일단 정부가 경제에 개입해서 문제를 해결할 수 있다는 믿음이 전제되어야 하고, 또 정부가 현명하게 경제 개입 수단을 결정할 수 있다고 생각하는 것입니다. 그러나 반대로 정부가 경제에 개입하면 상황이 더 나빠질 것이라는 이야기를 그리는 경제학자라면, 요셉의 제안처럼 세금을 미리 많이 걷어 두는 정책에는 반대할 것입니다.

만약 우리가 읽는 소설에서 앞뒤가 맞지 않거나 등장인물이 마구 뒤섞이거나 한다면 그 이야기를 믿기 어려울 것입니다. 비유하자면 경제학자들이 들려주는 이야기에서도 등장인물, 즉 투자나 소비, 물가, 이자율 등의 경제 변수, 그리고 그 변수들의 관계에 논리적 일관성이 있어야 합니다. 결국 경제학자들이 하는 일이란 이러한 논리적 일관성을 다듬고, 그에 기초하여 경제에 관한 이야기를 만들어 내는 것이라고도 할 수 있겠습니다.

서로 다른
이야기를

한다고?

우리는 가족이나 친구들 사이에서도 서로 의사소통을 하기 위해 말을 합니다. 이때 다른 사람의 이야기는 들으려 하지 않고 내 이야기만 무리하게 내세우면 어떤 일이 벌어질까요? 제대로 의사소통이 되지 않을 뿐더러 결국에는 인간관계 자체에도 금이 갈지 모릅니다.

경제학도 이와 비슷합니다. 동일한 문제의식과 사고방식을 공유하는 학자들의 모임을 학파라고 부르는데, 같은 학파에 속하는 경제학자들끼리는 경제적 삶을 설명하는 같은 이야기를 가진 셈입니다. 같은 현상에 대해서도 학파가 다르면 서로 다른 이야기로 설명합니다.

그렇다면 여기에서 두 가지 물음이 제기될 수 있습니다.

첫째, 왜 어떤 학파는 이렇게 생각하는데 다른 학파는 이렇게 생각하지 않을까요?

둘째, 서로 다른 학파가 다른 이야기를 제시할 때, 우리는 어느 것이 옳고 어느 것이 그른지 어떻게 판단할 수 있을까요?

먼저 첫 번째 물음부터 생각해 보기로 하지요. 어떤 사람이 특정한 문제에 대해 가지고 있는 생각이나 이론은 순전히 그 사람의 머릿속에서만 나온 것은 아닙니다. 바로 그 사람 자신이 어떤 일을 하며 누구와 관계를 맺고 어떻게 먹고사느냐에 따라 그 사람의 생각도 형성되고 변화하기 때문이지요.

구체적인 이해관계가 걸려 있는 사안일수록 어떤 사람의 주장은 자신의 이해관계로부터 벗어나기가 쉽지 않습니다. 그러므로 아주 많이 배운 경제학자가 어떤 주장을 한다고 해서 무조건 믿을 게 아니라 그 사람이 어떤 이해관계를 가지고 그러한 주장을 하는 것인지 유심히 살펴볼 필요가 있습니다. 설사 의도적으로 어떤 주장을 하려는 게 아니라 하더라도 결과적으로는 특정 계층이나 집단의 이익을 대변하게 될 수도 있기 때문입니다.

경제학의 역사에서 유명한 예는 19세기 영국의 곡물법 폐지를 둘러싼 논쟁입니다. 영국에서는 유럽 대륙으로부터의 곡물 수입을 금지하는 법을 그대로 유지할 것인가 아니면 폐지할 것인가를

둘러싸고 사회적 논쟁이 벌어졌습니다. 곡물법이 폐지되면 유럽으로부터 값싼 곡물이 밀려들 것이고, 곡물 가격이 떨어지면 토지를 빌려 주고 임대료를 받는 지주 계급은 경제적으로 손해를 입게 됩니다. 그러나 생활 물가가 하락하므로 노동자, 그리고 노동자에게 임금을 지불해야 하는 자본가의 입장에서는 이익이 됩니다.

이때 유명한 고전학파 경제학자인 데이비드 리카도와 토머스 맬서스가 논쟁의 중요한 두 입장을 대변하였습니다. 이 중 맬서스는 자신이 상당한 양의 토지를 가진 지주였는데 곡물법 폐지에 강하게 반대하였습니다. 반면 증권 중개업으로 자수성가한 부자였던 리카도는 곡물 수입 자유화, 즉 곡물법 폐지를 주장하였습니

다. 물론 이들은 각자 나름대로 일가를 이룬 대단한 경제학자들이 었지만, 의도적이건 결과적이건 출신 계급의 이익을 충실하게 대변하는 입장을 취했던 것입니다.

다음은 두 번째 물음입니다. 서로 대립하는 여러 학파들의 주장이 있을 때, 도대체 어느 쪽이 옳은지를 어떻게 판단할 수 있을까요?

물론 어떤 이론이나 학설도 논리적으로 맞지 않는 엉터리 주장이라면 진리일 수가 없습니다. 복잡한 수식이나 그래프, 전문 용어 속에 숨어 있는 논리가 제대로 된 것인지 아닌지를 찾아내는 것은 전문가인 경제학자들이 일차적으로 해야 할 일입니다. 만약 논리가 일관되지 못하다면 일단 그 이론은 제대로 된 이론이라고 할 수가 없겠지요.

당장에는 올바른 논리인 것처럼 보이더라도 시간이 지남에 따라 여러 가지 지식이 축적되면서 그렇지 않은 것으로 입증될 수 있다. 경우에 따라서는 수학의 발전도 이러한 역할을 할 수 있다.

그렇지만 하나의 문제나 사안에 대해 논리적으로 일관된 설명이 오직 하나만 있는 것은 아닙니다. 이러한 경우 정말로 판단이 어렵겠지요? 근본적으로 실험을 통해 진리를 입증할 수 있는 자연 과학과는 달리 경제학에서는 그것이 불가능합니다.

역사적으로 보면 어설픈 경제 이론만 믿고 정책을 실행하였다가 수많은 사람들이 피해를 입었던 사례들도 많습니다. 이미 사회적인 조건은 변했는데도 단순한 이론을 그대로 유지하는 바람에 잘못된 분석을 할 수도 있습니다.

그렇지만 매우 추상적인 이론뿐만 아니라 꽤 구체적인 경제 정책과 관련해서도 하나의 입장은 항상 일정한 물질적 이해관계와 연결된다는 것, 그리고 사회를 구성하는 여러 계층의 사람들에게 서로 다른 방향으로 영향을 미칠 수 있다는 것을 잊지 않는 것이 중요합니다. 그것만으로도 특정한 이론이나 주장에 대한 맹목적인 믿음과 그 때문에 생기는 파괴적 영향을 경계할 수 있기 때문입니다.

세월을 견뎌 낸 위대한 고전 문학 작품들은 거의 예외 없이 우리가 살아가면서 느끼는 복잡하고 다양한 감정을 정교하게 드러냅니다. 또 선과 악의 논리만으로 명쾌하게 재단되지 않는 복합적인 인물 유형들을 묘사하고 있습니다. 경제학도 기본적으로는 문학 작품과 같은 원리, 즉 사람들의 삶을 충실하게 반영하고 표현하는 활동을 합니다. 그러므로 모든 경제학자들은 어떤 의미에서는 자신이 이해하고 있는 세상에 대해 나름대로 이야기를 들려주는 셈입니다.

경제학자들은 무슨 일을 할 수 있을까?

경제학자들에게

속지 말라고?

영국의 경제학자인 조앤 로빈슨은 "경제학을 배우는 유일한 목적은 경제학자들에게 속지 않기 위함이다."라는 재미있는 말을 한 적이 있습니다. 물론 이 말은 모든 경제학자들이 사람들을 속이려 한다는 뜻은 아닙니다. 경제학에 관한 지식을 충분히 갖추고 자기 힘으로 생각하려 노력하지 않는다면, 언제든 엉터리 경제 이론에 속아서 자신은 물론 사회를 그릇된 방향으로 이끌 수 있음을 경고하는 뜻일 것입니다.

정부나 지방 자치 단체에서는 각종 공공사업을 벌이곤 합니다. 경제학에서는 어떤 공공사업이 수행할 만한 가치가 있는가 없는가를 알아보기 위해 비용 편익 분석이라는 것을 합니다. 어느 도

시에 지하철을 건설한다고 해 봅시다. 지하철이 완공되기까지는 몇 년 이상의 시간이 걸릴 테고 비용도 많이 듭니다. 당장 지하철을 만드는 데 드는 공사 비용은 물론이고 지하철 노선이 지나가는 지역의 토지 구입 비용, 공사로 인한 불편함이나 환경 파괴 등 눈에 보이거나 보이지 않는 여러 가지 비용이 들어갑니다.

당연히 편익도 발생합니다. 지하철이 건설됨으로써 주민들이 대중교통을 편리하게 이용할 수 있고 지역 경제도 활성화되겠지요. 그런데 이러한 비용과 편익은 한 번에 발생하는 것이 아니라 오랜 세월에 걸쳐 발생하기 때문에 모든 요소를 최대한 객관적으로 고려해야 할 것입니다.

또 지금 당장 발생하는 비용, 편익과 몇 년 뒤에 발생하는 비용, 편익을 직접 비교해서도 안 됩니다. 몇 년 뒤에 100억 원의 편익을 얻기 위해 지금 100억 원의 비용을 들이는 것은 합리적이지 못합니다. 왜냐하면 지금 100억 원을 사용하지 않고 그대로 은행에 넣어 두기만 해도 몇 년 뒤에는 100억 원보다 큰 금액이 되어 있을 것이기 때문이지요.

그래서 비용 편익 분석에서는 이자율의 크기를 어떻게 잡느냐가 매우 중요합니다. 만약 연간 이자율이 5퍼센트라고 하면 지금 100억 원은 1년 뒤에는 105억 원의 가치가 있게 되니까요.

만약 여러분이 어떤 정치적 의도를 가지고 지하철 건설이 이익이 된다는 사실을 보이고 싶다면 어떻게 하면 될까요? 발생 가능한 편익의 종류와 크기는 최대한으로 늘리고 비용의 종류와 크기는 최소한으로 축소하면 되겠지요. 또 이자율의 크기를 적당히 변화시킴으로써 비용 편익 분석의 결과를 조작할 수도 있습니다.

대체로 정치인들은 자신의 재임 기간 중에 성과가 눈에 보이는 업적을 남기고 싶어서, 심지어는 뇌물을 받기 위해 대규모 토목 공사를 벌이기도 합니다. 지역 정치인의 경우 다음 선거에서 표를 많이 얻으려고 나라 전체의 입장은 감안하지 않고 지역 발전을 위한 공약을 실행하려는 경우도 많습니다. 이러한 경우에 경제학은 매우 중요한 역할을 하게 됩니다.

실제로 지나치게 부풀린 편익 계산 때문에 대규모 사업을 벌여 놓았다가 시간이 지난 다음에 애물단지로 전락한 경우를 우리 주

위에서도 흔히 찾아볼 수 있습니다. 환경 파괴 같은 문제는 단기간에는 잘 드러나지 않다가 오랜 세월이 흐른 뒤에 우리 후손들에게 심각한 영향을 미칠 수도 있습니다. 더구나 여기에 드는 비용은 결국 국민들이 내는 세금으로 감당해야만 합니다. 이러한 불행한 사태를 막으려면 바로 경제학적 지식이 필요합니다. 조앤 로빈슨의 말도 이러한 맥락에서 이해될 수 있겠지요.

> 모든 비용과 편익은 이자율의 크기를 감안하여 지금 기준으로 얼마의 가치를 갖는가를 평가해야 한다. 경제학에서는 이를 현재 가치라고 부른다.

국민들이 정치인의 잘못된 판단이나 의사 결정을 막아 내고 솔깃한 유혹에 넘어가지 않는 것, 경제학자들이 제시하는 복잡한 비용 편익 분석을 그대로 믿어 버리는 것이 아니라 꼼꼼하게 따져 보는 것, 이러한 노력들이 모여 더욱 정의롭고 민주적인 사회를 만들어 내는 것입니다. 그러므로 경제학을 공부하는 것은 적어도 현실이 나쁜 방향으로 변화하는 것을 막아 주는 역할을 하는 데 보탬이 될 수 있습니다.

병균을 도려낼까?

서서히
낫게 할까?

사람들에게는 정치나 문화, 예술 등도 중요하지만 무엇보다도 먹고사는 문제가 중요합니다. 경제가 순조롭게 성장해야 좋은 일자리도 많이 생기며, 사람들이 좋은 일자리를 얻어 먹고사는 문제를 안정적으로 해결할 수 있어야 사회도 안정되며 민주주의도 발전할 수 있습니다. 공장이나 기업이 문을 닫아 일자리가 줄어들고 실업자가 늘어나면 그 사회는 심각한 위기에 빠지게 됩니다.

1997년 12월 한국에서도 그와 같은 일이 일어났습니다. 한국이 가지고 있는 외환, 즉 달러가 부족해지면서 당장 나라 빚을 갚기 어려운 상황이 되었지요. 국가 신용도가 추락하면서 원화의 가치는 급속하게 떨어졌습니다. 1달러에 800원가량 하던 환율이 반년 도 채 안 되는 사이에 1,700원 가까이 되어 버렸지요. 곧이어 재벌 이라 불리는 대기업들 중에도 파산하는 경우가 생겼고, 은행마저 도 망할 위기에 놓였습니다. 경제 성장률은 마이너스가 되었고, 실 업률은 사상 최고 수준인 10퍼센트 가까이에 이르렀습니다.

이와 같은 심각한 경제 위기에서 어떻게 하면 빨리 벗어날 것인 가에 관해서는 경제학이 대답해야 합니다. 위기의 원인이 무엇인 지 진단하고 그에 기초하여 처방을 제시해야 하지요.

물론 모든 경제학자들이 똑같은 답을 제시하지는 않았습니다. 조금 더 구체적인 경제 정책 이야기를 해 볼까요? 그와 같은 위기 상황에서는 일반적으로 이자율이 매우 높아집니다. 경제 상황이 나쁘니 돈을 빌려 주겠다는 사람은 적고 돈을 빌려야 하는 기업 은 많기 때문입니다. 실제로 1998년 초반에는 개인도 금융 기관에 돈을 맡기면 연간 20퍼센트 이상의 이자를 받을 수 있을 정도였 습니다.

어떤 경제학자들은 그러한 상황이 길게 보면 한국 경제를 건강 하게 만드는 방법이라 주장했습니다. 부실한 기업이나 금융 기관 은 늘어난 이자 부담 때문에 망할 것이고, 건실한 기업만 남을 것 으로 전망했습니다. 마치 수술로 상처 속의 병균을 도려내듯이 당 장은 아프더라도 결국 한국 경제를 건실하게 바꾸는 효과가 있으리라고 생각했던 것이지요.

반면 다른 경제학자들은 정부가 돈을 풀어서라도 이자율을 낮게 유지하도록 노력해야 한다고 주장했습니다. 이자율이 너무 높게 유지되면 경제가 급속하게 무너져 내리면서 그 충격을 감당하기 어려우리라는 것이었지요. 이것은 마치 환자를 서서히 고통을 줄여 주면서 치료해야 한다는 것과 비슷한 주장이었습니다.

당시 한국 상황에서 어떤 정책이 적절했을지는 지금까지도 논쟁거리이기는 합니다. 그렇지만 경제학이 이러한 문제를 고민하고

구체적인 답을 제시함으로써 수많은 사람들의 고통을 덜 수 있다는 것만은 분명합니다.

우리가 의학을 연구하는 목적이 결국 질병을 치료함으로써 사람들이 건강하게 살아갈 수 있도록 하기 위함이듯이, 경제학을 연구하는 궁극적인 목적 또한 우리의 경제적 삶을 좀 더 윤택하고 정의롭게 만들기 위한 데 있습니다. 경제학을 연구함으로써 세상을 좀 더 바람직한 방향으로 바꾸려는 것이지요.

지구상에 인류가 탄생한 이래 특히 18세기 산업 혁명을 거치면서 생산 능력은 비약적으로 발전하였고 따라서 경제도 엄청난 성장을 이룩하였습니다. 그럼에도 여전히 세계 인구의 많은 부분은 절대적인 빈곤에 신음하고 있습니다. 그뿐만 아니라 선진국에서도 경제적 자원을 비효율적으로 사용하고, 정의롭지 못한 방식으로 분배하고 있으며, 비민주적인 제도나 관행 등이 여전히 존재합 니다. 경제학자들은 이러한 문제들을 해결하기 위해 끊임없이 노력하고 있습니다.

2부

세상을 바꾼
경제학자들

01

대영 박물관의
공부 벌레, 마르크스

딸들과
함께한

진실 게임

     런던 외곽의 하이게이트 묘지에는 카를 하인리히 마르크스의 무덤이 있습니다. 묘비에는 "지금까지 철학자들은 여러 가지로 세상을 해석하기만 해 왔다. 그러나 중요한 것은 세상을 바꾸는 것이다."라는 그의 유명한 말이 쓰여 있습니다. 런던 대영 박물관 열람실에 가면 그곳을 거쳐 간 위대한 인물들의 이름이 새겨져 있습니다. 늘 같은 자리에 앉아 경제학을 연구했다는 마르크스의 이름도 바로 거기에 있지요. 마르크스는 독일인이었지만 이렇듯 영국의 수도인 런던에 많은 흔적을 남긴 경제학자입니다.

     1818년, 독일(당시에는 프로이센) 트리어에서 유대인 변호사의

아들로 태어난 마르크스는 어린 시절부터 책을 많이 읽는 조숙한 인물이었습니다. 고등학생 때 "스스로를 정신적으로 더 고귀하게 만들면서……, 인류의 공공선을 위해 기여할 수 있는 직업을 가져야 한다."는 내용의 에세이를 쓴 적도 있었습니다.

마르크스는 청소년 시절부터 그 지역의 명사인 폰 베스트팔렌 남작의 집에 드나들며 책을 빌려 읽고 토론하였습니다. 당시에는 부자가 아니면 책을 많이 갖기가 쉽지 않았는데, 남작은 대단한 장서가였을 뿐만 아니라 꽤 개방적인 인물로서 어리지만 똑똑한 마르크스를 귀엽게 여겼습니다. 이 무렵 읽게 된 셰익스피어나 괴테의 작품은 마르크스가 평생에 걸쳐 가장 좋아하는 작품이 됩니다.

마르크스는 자주 드나들던 남작의 집에서 자신보다 네 살이나 많은 남작의 아름다운 딸, 예니와 사랑에 빠지고 맙니다. 예니는 귀족의 딸로 '트리어의 미인'이라 불릴 정도로 아름다웠다고 하니, 특히 그녀의 어머니가 마르크스와의 결혼에 선선히 동의하지 않았으리라는 것은 쉽게 짐작할 수 있겠지요? 그러나 둘은 결국 결혼하게 됩니다.

아버지의 뜻을 따라 법학을 공부하려던 마르크스는 대학에 진학하여 전공을 바꿔 그리스 철학에 관한 연구로 박사 학위를 받았습니다. 그러나 이미 급진적인 인물로 알려졌기 때문에 대학 교수가 되지는 못합니다. 잠깐 동안 지방 신문의 편집장 일을 하였으나 정부를 비판하는 논조 때문에 신문이 폐간당합니다. 그 뒤 마르크스는 프로이센 정부의 주요 감시 대상이 되면서 파리와 브뤼셀 등 유럽 각지를 망명객으로 떠돌게 됩니다.

이때 마르크스는 평생의 동지이자 후원자인 프리드리히 엥겔스와 만납니다. 유럽 전역에 혁명의 기운이 감돌던 1848년, 공산주의자 동맹의 의뢰를 받아 엥겔스와 함께 쓴 글이 "지금까지 인류의 역사는 계급 투쟁의 역사이다."라든가 "만국의 노동자여, 단결하라!"라는 구절로 유명한 『공산당 선언』입니다.

마르크스는 30세가 넘은 나이에 런던에 정착하여 죽을 때까지 살게 됩니다. 이미 철학이나 정치학 등과 관련된 많은 저술을 남겼던 그가 본격적으로 경제학을 공부하기 시작한 것도 런던에서입니다. 마르크스는 대단한 노력가이기도 해서 하루에 열 몇 시간씩 책을 읽고 공부하는 일에만 몰두했다고 합니다. 고질적인 편두통과 종기 등의 질병에 시달리면서도 즐기던 시가와 와인을 벗 삼아 엄청난 분량의 원고를 썼습니다.

망명자의 신분이기도 했지만 미국 신문에 유럽 통신원 자격으로 기사를 쓴 것 이외에는 제대로 직업을 가진 적이 없기 때문에 마르크스는 매우 빈곤한 생활을 해야 했습니다. 사랑하는 딸이 어린 나이에 병으로 죽었을 때 관을 살 돈이 없어 방 안에 그대로 두어야 한 적도 있습니다. 마르크스는 너무 곤궁한 나머지 철도역에 서기로 취직하려 한 적이 있었는데, '악필'(마르크스의 글씨는 예니와 엥겔스만 알아볼 수 있을 정도였다고 합니다.)과 '지나치게 높은 학력' 때문에 거절당하고 맙니다. 결국 아버지의 사업을 물려받아 방직 공장을 운영했던 친구 엥겔스의 도움과 아내 예니의 친정에서 얻은 재산으로 생계를 꾸려 나갔습니다.

마르크스가 자신의 딸들과 했던 '고백'이라는 놀이(일종의 진실게임)의 내용을 보면, 그의 삶과 인간적 모습을 엿볼 수 있습니다. 마르크스는 자신이 생각하는 행복과 불행은 각각 '투쟁하는 것'

과 '굴복하는 것', 가장 좋아하는 일은 '책에 파묻히는 것', 그리고 좌우명은 '모든 것은 의심해 보아야 한다.'라고 답했습니다. '가장 좋아하는 이름은?'이라는 물음에는 함께 놀이하던 두 딸의 이름, 라우라와 예니라고 답하기도 했습니다. 예니는 아내의 이름이기도 했지요. 그만큼 마르크스는 딸들과 격의 없이 어울리는 아버지였고 대단한 독서가였지만, 결코 타협하거나 굴복하지 않는 성격의 인물이었습니다.

그는 러시아 경제에 관심을 가지면서 쉰 살이 넘은 나이에 러시아 어를 시작하여 독해가 가능한 수준까지 익혔고, 경제학을 과학적으로 만드는 데는 고등 수학이 필요하다고 생각하여 독학으로 미적분학을 공부한 노트를 남기기도 했습니다.

런던에서 보낸 인생 후반부 30여 년 동안 마르크스는 현실 정치 운동에도 부분적으로 관여하였지만, 주로 당대의 경제학 서적들을 치밀하게 읽고 비판하는 연구에 몰두하였습니다.

특히 독일어로 쓴 『자본론』은 마르크스가 필생에 걸쳐 완성하려 노력한 대표적인 저작입니다. 원래 네 권으로 계획되었던 『자본론』은 마르크스가 살아 있는 동안에는 제1권만이 1867년에 출간되었을 뿐입니다. 그가 남긴 방대한 원고는 엥겔스가 정리하여 1885년과 1894년에 각각 제2권과 제3권으로 간행되었습니다. 세 권을 합치면 2,000페이지가 넘는 방대한 분량인 『자본론』은 사회주의나 공산주의가 무엇이며 어떻게 운영되어야 하는가에 관해서는 거의 다루고 있지 않습니다. 그것은 기본적으로 자본주의 경제 시스템에 대한 체계적인 비판을 목표로 하는 경제학 서적이기 때문입니다.

출퇴근 시간은

언제로
할까?

　　마르크스 경제학의 가장 큰 특징은 시장 경제 시스템, 즉 자본주의 사회를 자본가 계급과 노동자 계급이라는 두 계급 사이의 대립에 기초하여 설명하는 데 있습니다. 자본가 계급은 자본, 즉 공장이나 기계 등의 생산 수단을 소유한 계급으로서 노동력 말고는 팔 것이 없는 노동자 계급을 고용하여 상품을 생산합니다. 물론 자본가의 목적은 이윤을 얻는 데 있습니다.

　　노동력은 노동자가 지닌 일할 수 있는 육체적, 정신적 능력을 가리킵니다. 다른 상품의 경우 판매자가 일단 팔고 나면 구입한 사람이 그것을 어떻게 사용하는가는 관심사가 아닙니다. 예를 들어 여러분이 서점에서 책을 한 권 사서 그것을 열심히 읽건, 던져 놓

고 쳐다보지도 않건, 서점 주
인은 신경 쓸 필요도 없고 쓸 방
법도 없습니다. 책값만 제대로 받았으
면 그만이지요. 그렇지만 노동력은 그와
달리 구입한 사람, 즉 고용주가 노동력을
어떻게 사용하는가가 그것을 판매한 사람,
즉 노동자에게 매우 중요한 영향을 미칩니
다. 노동자가 노동력만 뚝 잘라서 팔 수도
없는 노릇이고 매일 출근해서 고용주의 지
휘와 감독을 받으면서 일해야 하기 때문이
지요. 흔히 노사 관계가 대립으로 치닫고

파업이나 직장 폐쇄 같은 극단적인 사태가 자주 일어나는 것도 노동력 상품이 지닌 이러한 특수성 때문입니다.

마르크스는 바로 이렇게 노동력이 지닌 특수성 때문에 이윤이 발생한다고 설명하였습니다. 즉 자본가가 노동자를 지휘, 감독하여 노동력의 가치보다 더 많은 것을 생산하도록 만드는 데 성공하면 이윤이 생긴다는 거지요. 그렇게 더 많이 생산한 것을 마르크스는 '잉여 가치'라 불렀습니다.

따라서 마르크스가 볼 때 자본주의 경제에서 가장 중요한 문제는 잉여 가치를 얼마나 생산하는가를 둘러

싸고 노동자와 자본가 사이에 일어나는 계급적 대립입니다. 출퇴근 시간은 언제로 할지, 휴식 시간은 얼마나 할지, 야근을 해야 할지 말지, 생산 라인을 얼마나 빠른 속도로 돌려야 할지, 자동 생산 라인이나 컴퓨터 등의 기계를 도입할지 말지 등을 둘러싸고 자본가와 노동자 사이에 이해관계가 서로 맞서는 것이지요. 이러한 문제들이 모두 잉여 가치, 그러니까 이윤이 얼마나 생산되는가를 결정한다는 것입니다.

마르크스에 따르면 자본주의 사회에서 기술은 끊임없이 발전하는데, 그것은 노동력보다는 기계 같은 자본을 많이 사용하는 방향으로 이루어집니다. 컴퓨터가 등장하여 이전에는 여러 명이 해야 하던 일을 이제는 한 명의 노동자가 충분히 감당하는 상황을 생각해 보면 쉽게 이해할 수 있습니다. 마르크스는 실업 문제를 대단히 중요하게 생각한 대표적인 경제학자인데, 그가 보기에는 실업은 기본적으로 이와 같은 기술 진보의 특성 때문에 생겨나는 것입니다. 그래서 마르크스는 실업을 상대적 과잉 인구라고 불렀습니다. '상대적'이라는 말을 붙인 이유는 인구가 절대적으로 남아돈다는 뜻이 아니라 경제 성장이나 투자 규모에 비해 많다는 것을 의미합니다.

예를 들어 노동자 100명이 기계 10대를 가지고 일하다가 새로운 기계가 도입되어 10대의 기계에 노동자 50명만 있으면 충분하다고 해 봅시다. 그러면 나머지 50명은 일자리를 잃을 가능성이 큽니다. 물론 경제가 급속하게 성장하여 생산 규모가 두 배 이상으로 커지면 노동자 100명의 일자리를 유지할 수 있습니다. 그러나 경제가 그토록 성장한다는 보장은 전혀 없기 때문에 일자리는 줄어들 가능성이 큰 것입니다.

한국에서도 경제가 급속하게 성장하던 1970년대나 1980년대에는 경제 활동 인구 자체는 절대적으로 많았음에도 불구하고 실업이 심각한 사회 문제는 아니었습니다. 그러나 최근에는 특히 젊은 나이의 인구가 예전처럼 급속하게 증가하지 않을 뿐만 아니라 대기업을 중심으로 꾸준한 경제 성장률을 나타내고 있음에도 실업이 점점 더 심각한 문제가 되고 있습니다.

여기에는 여러 가지 이유가 있겠으나 과거에 비해 자본을 훨씬 더 많이 사용하고 노동을 덜 고용하는 기술이 사용됨으로써 일자리가 상대적으로 줄어들었기 때문이기도 합니다. 혹시 일자리를 잃지 않더라도 예전에 비해 훨씬 덜 중요한 일만 할 가능성이 크고 따라서 임금도 낮아지고 언제 잘릴지 모르는 불안한 상태에 놓일 것입니다. 비정규직 노동 문제가 심각해지는 것도 이러한 사실과 관련이 있습니다.

한편 이와 같은 기술 진보의 결과 자본주의 경제의 이윤율은 장기적으로 떨어지는 경향이 있다고 마르크스는 주장하였습니다.

마르크스 경제학에서 모든 가치, 따라서 이윤도 노동에 의해서 생산되는 것인데, 점점 노동력 대신 기계가 많이 사용되므로 이윤 생산량은 줄어들고 그 결과 이윤율은 하락할 수밖에 없다는 것이지요. 마르크스의 특징은 오히려 기술이 진보한다는 사실 바로 그 자체 때문에 이윤율이 하락한다는 점을 주장한 데 있습니다.

자본주의 또는 시장 경제 시스템의 가장 뛰어난 점 중의 하나는 매우 빠른 속도로 기술 혁신을 가져온다는 데 있습니다. 그런데 바로 그와 같은 자본주의의 강점이 역설적으로 이윤율의 하락을 가져온다고 주장한 셈이지요. 즉 환경 파괴나 인구 부족과 같은 외부적 제약 때문이 아니라 시스템 자체가 굴러가는 과정 때문에 결국에는 시스템에 치명적인 영향이 미친다는 것입니다. 이것은 자본주의 경제가 왜 주기적으로 경기 변동을 겪어야 하는가에 대한 설명으로도 연결됩니다.

마르크스는 자본주의 경제가 지닌 계급 대립적 성격, 기술 진보의 특성으로 말미암은 이윤율의 하락 때문에 주기적인 공황이 불가피하다고 보았습니다. 마르크스는 공황을 통해 자본주의 체제가 불안정해지면서 궁극적으로는 붕괴할 것처럼 얘기하였습니다. 그러나 공황을 통해 자본주의 시장 경제가 지닌 모순을 주기적으로 해결하고 다시 새로운 투자 기반을 만들어 나간다는 점도 강조하였습니다. 결국 요점은 자본주의 경제 시스템은 자체 특성 때문에 주기적인 경기 변동을 겪을 수밖에 없다는 것입니다.

마르크스 경제학은 반체제적인 성격이 강하기 때문에 언제나 경계의 대상이었습니다. 더구나 그가 죽은 뒤, 1917년 러시아에서 마르크스의 사상을 따른다고 주장하는 혁명가들이 사회주의 국가를 수립함으로써 엄청난 정치적 영향력을 갖게 되었습니다. 실제로 성립한 사회주의는 여러 가지 문제점을 드러내면서 지금은 거의 다 사라져 버린 것이 사실입니다. 그렇지만 이러한 사실과 독립적으로 시장 경제 시스템에 관한 마르크스의 분석은 여전히 경제학의 중요한 유산 중의 하나라고 할 수 있습니다.

무엇보다도 우리가 일상적으로 되풀이하여 경험하는 사회 계급 간 대립, 특히 노사 관계를 중심으로 경제 이론을 구성하고 있을 뿐만 아니라, 자본주의가 성립한 이후 주기적으로 발생하였던 경제 위기를 내생적 요인으로 설명하고자 한 점에서 중요한 의미가 있습니다. 마르크스는 자본주의가 매우 불완전한 체제라는 점, 스스로 한계에 부딪힌다는 점을 매우 치열하게 비판하면서 이론적으로 설명하고자 노력했습니다.

자본주의 또한 마르크스주의자들의 비판과 사회주의 혁명의 위협 때문에, 그리고 노동 운동과 민주주의의 발전에 따라 끊임없이 체제를 개선하여 왔습니다. 실제로 마르크스와 엥겔스가 주장했던 아동 노동의 폐지나 무상 대중 교육 같은 것들은 이후 자본주의 나라들에서 실현되기도 했습니다. 마르크스는 물론 자본주의를 없애고 사회주의 사회가 반드시 성립할 것이라 믿었지만, 그의 이론은 자본주의 체제의 개선에도 본의 아니게 기여한 셈입니다.

『자본론』은 이미 100년도 더 전에 쓰인 것이므로 현실과 맞지 않는 부분도 있고, 나중에 발전한 수학적 기법을 이용하면 논리가

내가 경제학의
고전이다.

내가 경제학의
고전을 쓴 사람이다!

매끄럽지 못한 부분도 있기는 합니다. 모든 고전이 그러하듯이 시대적 한계로부터 자유롭지 못한 것이지요. 그렇지만 모든 것을 의심해 보는 철저한 비판 정신으로 자본주의 경제의 문제점을 끝까지 추적해 보려 했던 그의 학문적 정신은 오늘날에도 여전히 중요한 의미를 갖습니다. 그러므로 마르크스를 비판하는 사람들에게조차 『자본론』은 자본주의 경제 체제의 작동 원리를 비판적으로 이해하려면 꼭 읽어야 하는 경제학의 고전으로 여전히 남아 있습니다.

02

엄청난
성공을 거둔
케인스

두 차례에
걸친

좌절

      존 메이너드 케인스는 1883년 영국 케임브리지
에서 태어났습니다. 아버지는 꽤 유명한 경제학자였으며, 어머니
는 나중에 케임브리지 시장까지 지낸 뛰어난 여성이었습니다.

  케인스는 이튼스쿨에서 케임브리지 대학교(킹스 칼리지)로 이어
지는 전형적인 엘리트 코스를 밟았습니다. 그는 수학 장학생으로
대학에 입학하였으며, 재학 중에는 엘리트들의 비공개 동아리인
케임브리지 사도회의 멤버로 활동하였습니다. 졸업 후에도 유명한
소설가인 버지니아 울프 등과 함께 블룸즈버리 그룹을 조직하여
문화나 예술 전반에 걸친 관심을 보였습니다. 마흔이 넘은 나이
에 러시아 출신 발레리나 리디아 로포코바와 결혼하여 화제를 낳

기도 했고, 직접 발레단을 창설하기까지 했습니다. 케인스는 주식 투자를 통해 막대한 부를 축적하기도 하는 등 한마디로 많은 것을 풍요롭게 누리는 삶을 산 인물이었습니다.

케인스는 대학 시절에는 경제학을 체계적으로 전공하지 않았습니다. 아버지의 친구이기도 한 앨프리드 마셜이 케임브리지 대학의 전통적인 튜터(개인 교수) 방식으로 경제학을 가르쳐 주었을 뿐입니다. 그러나 아마도 경제학에 남다른 재능이 있었던지 마셜이 "장차 너는 경제학자가 되는 일을 피할 수가 없을 거다."라고 말했다는 일화가 있습니다.

케인스는 대학을 졸업하면서 공무원 시험을 치르는데, 라이벌 대학인 옥스퍼드 출신에게 수석의 영광을 아깝게 빼앗기고 차석으로 합격합니다. 그 결과 당시 선망의 대상이던 재무부에 들어가지 못하고 식민지 인도를 관리하는 인도청에서 일하게 됩니다. 그러다가 마셜의 제의를 받아 킹스 칼리지의 펠로우(연구원 또는 강사에 해당)로 부임합니다.

케인스는 천재적인 직관에 기초하여 글을 쓴 학자로 유명합니다. 실제로 그는 통계학적인 방법을 이용해서 자료를 면밀하게 조사하는 계량 경제학적 연구는 별로 달갑지 않게 여겼고, 다른 경제학자들의 책이나 논문을 많이 인용한 편도 아닙니다. 더구나 수식이나 그래프를 거의 사용하지 않으면서 자신의 경제학 이론을

전개하였고, 특히 인간의 심리적 측면이 중요하다는 사실을 매우 강조하였습니다.

케인스는 화려한 삶에도 불구하고 두 차례에 걸친 세계 대전 이후 국제 경제 질서를 재편하는 과정에서 자신의 의견을 관철시키지 못하고 좌절했던 특이한 경험이 있습니다.

먼저 제1차 세계 대전이 끝난 직후인 1919년 파리 평화 회의에 케인스는 영국 측 대표단의 한 사람으로 참가합니다. 이 회의의 주된 분위기는 패전국인 독일에게 막대한 전쟁 배상금을 부과하자는 것이었습니다. 하지만 케인스는 지나치게 무거운 배상금은 독일을 경기 침체에 빠트릴 것이고 결국 다른 유럽 나라들에게도 연쇄적으로 나쁜 영향을 미칠 것이라며 반대합니다.

자신의 반대가 받아들여지지 않자, 케인스는 파리 현지에서 사표를 내고 귀국하여 『평화의 경제적 귀결』이라는 짧은 책을 씁니다. 이 책은 당시 영국의 고위 정치인 등을 신랄하게 비판한 것으로서 수만 부가 넘게 팔리는 베스트셀러가 됩니다. 실제로 막대한 배상금으로 말미암아 독일에서는 1년 동안 물가가 몇 백 배씩 오르는 극심한 인플레이션이 일어났고, 바이마르 공화국의 붕괴와 히틀러의 집권, 나아가 제2차 세계 대전으로 이어지는 원인이 되기도 하였습니다.

이미 세계적인 경제학자로 명성을 날리던 1944년, 케인스는 다시 미국의 브레턴 우즈에서 열린 회의에 영국 측 수석대표로 참석합니다. 이 회의는 제2차 세계 대전이 연합국 측의 승리로 굳어져 가는 가운데, 전후 국제 경제 질서를 재편하기 위한 회의였습니다. 케인스는 방코르라 불리는 화폐를 세계 공통의 돈으로 만들고 각 나라들끼리 흑자와 적자를 청산 거래하는 국제 통화 동맹을 만들자고 제안하였습니다.

그러나 이미 영국은 정치, 경제적으로 기울어 버린 나라에 지나지 않았고, 새로 떠오르는 초강대국인 미국의 제안(이른바 '화이트 안')이 채택되면서 케인스는 두 번째 좌절을 맛볼 수밖에 없었습니다. 화이트 안에 따라 국제 통화 기금(IMF)과 세계은행(IBRD)이 창설되었고 미국의 달러화가 국제 통화로 사용되기에 이르렀는데, 이를 흔히 브레턴 우즈 체제라고 부릅니다.

젊은이들의
실업률이 무려

40퍼센트라고?

케인스는 많은 저술을 남겼지만, 가장 유명한 것
은 1936년에 출간한 『고용, 이자 및 화폐의 일반 이론』(보통 줄여
서 『일반 이론』이라 부름)이라는 책입니다. 『일반 이론』은 영어로는
'The General Theory'인데 자신의 책에 정관사(The)까지 부여해
가면서 이런 이름을 지었다는 것은 케인스가 가진 자부심이 어느
정도였는지를 잘 보여 줍니다. 사실 고용, 이자, 화폐라는 세 가지
키워드는 거의 '경제에 관한 모든 것'을 의미하는 것이므로 경제학
의 일반 이론이나 다름없는 의미이지요.

그렇다면 『일반 이론』에서 케인스가 주장한 것은 무엇일까요?
일단 케인스가 세계 대공황이라 불리는 역사적인 경기 침체기

주니어 대학

를 살았던 경제학자라는 사실에 주목해야 합니다. 세계 대공황은 1929년 미국 뉴욕의 증권 시장에서 주식 가격이 폭락한 것을 계기로 전 세계로 파급되어 제2차 세계 대전으로까지 이어졌던 대사건입니다. 대공황의 특징은 수많은 기업의 도산, 은행 등 금융기관의 파산, 대규모 실업, 물가 폭락 등입니다.

대공황이 정점에 달했던 1932년 미국의 실업률은 25퍼센트 정도였습니다. 더욱 심각한 문제는 학교를 졸업하고 처음 일자리를 구하는 젊은이들의 실업률이 무려 40퍼센트에 이르렀다는 것입니다. 요컨대 거의 두 명 중에서 한 명은 일자리가 없었다는 뜻이지요. 그런데 당시의 경제학자들이나 경제 관료들은 이렇게 엄청난 규모로 존재하는 실업에 대해 마땅한 분석이나 대안을 내놓지 못했습니다.

케인스가 고전학파라고 불렀던 당시의 경제학자들은 실업은 시간이 지나면 점차로 해결될 현상이라 생각했습니다. 실업이란 노동의 공급이 노동에 대한 수요보다 많기 때문에 생기는 현상인데, 그렇다면 노동의 가격인 임금이 충분히 떨어지기만 한다면 다시 공급과 수요가 일치하게 될 것이라 보았기 때문입니다. 그러므로 만약 오랫동안 실업이 존재한다면 그것은 누군가가 임금이 충분히 떨어지는 것을 막고 있기 때문이라는 것이지요. 대표적인 예로 일정 수준 아래로는 임금을 내릴 수 없다고 반대하는 노동조합을

들 수 있습니다.

그러나 케인스가 보기에 이것은 말이 안 되는 주장이었습니다. 일단 현실적으로도 광범한 실업이 장기간 지속되는데 그것을 오직 임금이 충분히 하락하지 않았기 때문이라고 설명하는 것도 이상한 일이었습니다. 그리고 고전학파처럼 생각한다면 모든 실업은 결국 '자발적'인 것입니다. 임금만 내리면 되는데 그걸 거부하느라 일자리를 얻지 못하기 때문이지요.

케인스는 실업이란 기본적으로 '비자발적'인 현상, 즉 노동자들이 어쩔 수 없이 겪어야 하는 현상이라고 주장하였습니다. 케인스가 생각하기에 실업의 근본적인 원인은 경제 전체의 유효 수요가 부족하기 때문입니다. 유효 수요란 실제로 상품을 살 능력, 즉 구매력이 있는 수요를 말합니다. 유효 수요가 부족하면 제품을 만들어도 팔리지 않을 것이고 따라서 기업들은 가동을 중단하거나 극단적으로는 망할 것이며, 그 결과로 노동에 대한 수요가 부족하

므로 일자리가 없어지게 됩니다. 유효 수요 부족 때문에 일자리가 없는 상황에서는 아무리 임금이 떨어져도 어느 기업도 선뜻 고용을 늘리려 하지 않을 것입니다.

그렇다면 실업을 해결하는 방법은 유효 수요가 늘어나는 수밖에 없습니다. 경기가 극도로 침체한 상태에서는 개인은 당연히 소비를 덜 할 것이고 기업도 투자를 꺼리게 되므로 유효 수요는 줄어들 수밖에 없습니다. 케인스는 이때 정부가 지출을 늘림으로써 부족한 유효 수요를 만들어 내야 한다고 주장하였습니다. 케인스의 이론을 흔히 '유효 수요 창출 이론'이라고 부르는 까닭이 여기에 있습니다.

그런데 당시의 경제학자들, 특히 영국 재무부의 경제 관료들은 이러한 유효 수요 창출 정책이 쓸모없는 짓이라고 주장했습니다. 이를 흔히 '재무부 견해'라고 부릅니다. 재무부 견해에 따르면, 혹시 정부가 재정 지출을 늘리더라도 결국 그 재원은 민간으로부터 마련하여야 할 것인데, 그렇다면 정부 지출이 늘어나는 만큼 민간 지출이 줄어들므로 전체적으로는 효과가 없다는 것이었습니다.

이에 대해 케인스는 '승수 효과'라는 이론을 통해 반박하였습니다. 예를 들어 정부 지출이 100원 늘어났다고 해 봅시다. 물론 이 100원은 가계나 기업으로부터 세금을 걷거나 해서 마련되었을 가능성이 크기 때문에 그 자체로는 민간 지출이 마이너스 100원이

되어 나라 경제에 효과가 없습니다. 그러나 정부가 지출한 100원을 받은 누군가는 적어도 그중의 일부를 지출할 것입니다. 편의상 소득의 80퍼센트를 지출한다고 가정합시다. 만약 최초에 정부 지출을 소득으로 번 A라는 사람이 그중 80원을 지출한다면, 그 80원은 다시 B라는 사람의 소득이 될 것입니다. B는 다시 그중의 80퍼센트, 즉 64원을 지출하고 이 64원은 다시 C라는 사람의 소득이 됩니다. 이런 식으로 처음에는 100원의 정부 지출뿐이었지만 80원, 64원 하는 식으로 소득은 여러 차례에 걸쳐 새로 만들어집니다. 그 결과 나라 경제 전체로는 최초의 정부 지출 100원의 몇 배에 해당하는 소득이 만들어진다는 것이지요. 승수라는 말은 바로 이 '몇 배'에 해당하는 크기(즉 '곱해지는 수'라는 뜻)를 가리키는 것입니다.

이제 우리는

모두
케인스주의자다

케인스가 생각한 유효 수요 창출 정책과 비슷한 것이 미국의 프랭클린 루스벨트 대통령에 의해 뉴딜이라는 정책으로 실행되었습니다. 뉴딜 때문에 대공황에서 벗어난 것인가에 관해서는 아직도 논란이 있지만, 어쨌든 케인스의 경제학은 제2차 세계 대전 이후 미국을 비롯한 주요 선진국들의 경제 정책을 좌우하는 중요한 이론으로서의 역할을 수행하게 됩니다. 케인스는 비록 브레턴 우즈에서 정치적 좌절을 겪었지만, 경제 이론으로서는 엄청난 성공을 거둔 셈입니다.

한때 미국의 대통령이었던 닉슨이 "이제 우리는 모두 케인스주의자다."라는 말을 했을 정도니 그 성공을 짐작할 수 있겠지요?

이 시기에 많은 케인스주의자들은 정부가 적극적인 유효 수요 조절 정책을 통해 경기 변동을 완화하고 지속적인 성장을 달성할 수 있다고 믿었습니다. 심지어 경기 변동은 이제 충분히 조절되고 관리될 수 있는 가벼운 질병에 지나지 않는다며 자신감을 나타낸 경제학자들도 있을 정도였습니다.

그러나 1970년대 이후 미국을 비롯한 선진국에서 인플레이션과 실업이 함께 나타나는 현상이 광범하게 등장하면서 케인스 경제학은 현실적인 힘을 잃기 시작합니다.

케인스 경제학은 주로 경제 위기, 즉 심각한 불황을 염두에 둔 경제학이며, 인플레이션에 대한 정책은 유효 수요 창출의 반대 정도로만 고려되었습니다. 즉 유효 수요가 부족하면 실업이 생기고 유효 수요가 너무 많으면 인플레이션이 생긴다는 식이지요. 그렇다면 인플레이션을 막기 위해서는 유효 수요를 줄이는 수밖에 없는데, 이 상황에서는 이러한 정책이 실업만 가중시킬 뿐 인플레이션을 진정시키지는 못하는 결과를 냈던 것입니다.

이러한 현실에도 불구하고 케인스 경제학은 여러모로 귀담아 들어야 할 내용들을 많이 담고 있습니다. 케인스는 자본주의 경제가 여러 가지 한계를 지녔음을 잘 알았지만, 마르크스와는 달리 현명하고 효과적인 정부 정책을 통해 그 한계를 극복할 수 있다고 믿었다는 점에서 보수적인 사람이었습니다. 사심 없고 똑똑한 경제 관료나 경제학자의 처방이 필요하다고 생각했다는 점에서 엘리트 주의자이기도 했습니다. 그러나 평등한 소득 분배, 그리고 생산 활동에 기초를 둔 건전한 금융을 옹호하였다는 점에서는 진보적인 모습도 있었습니다. 특히 하는 일 없이 이자 소득으로 부자로 살아가는 계층을 비판하였으며, 투자를 민간 기업에게만 맡겨두지 말고 사회적으로 관리해야 한다는 매우 급진적인 주장도 했습니다.

케인스는 소득이 많은 사람일수록 소비를 상대적으로 적게 하는 경향이 있다고 주장하였습니다. 예를 들어 소득이 월 100만

원인 사람이 그 90퍼센트 정도인 90만 원을 소비한다면, 월 소득 1,000만 원인 사람은 70퍼센트 정도밖에 소비하지 않는다는 것이 지요. 그렇다면 경제 전체로 볼 때 사람들의 소득이 평등하게 분배될수록 소비가 늘어나게 됩니다. 즉 케인스의 소비 이론에 따르면 소득 분배가 불평등할수록 유효 수요가 부족해질 가능성이 큽니다. 그러므로 고소득자에게 높은 세금을 물려서 가난한 사람들에게 사회 보장비로 지불해 주는 정책은 단지 불쌍한 사람을 도와주는 자선의 차원이 아니라 전체 경제에 이득이 됩니다. 선진국에서 제2차 세계 대전 이후에 복지 국가를 지향했던 많은 정책들

고맙습니다.

은 케인스의 경제 이론에 의해 뒷받침될 수 있습니다.

한편 케인스는 주식 투기는 마치 카지노에서 도박을 하는 것과 같아서 경제 내의 실물 생산에는 별로 영향도 미치지 못하면서 경제의 불안정성만 키우므로 엄격하게 규제되어야 한다고 생각했습니다. 케인스는 우리가 먹고사는 데 필요한 실물의 생산에 비해 금융 부문이 너무 커지는 것, 특히 금융 투기가 진행되면서 경제 전체가 불안정해지는 것에 대해 끊임없이 경고한 바 있습니다.

2008년 미국에서 일어난 엄청난 규모의 금융 위기 이후 부쩍 케인스의 이름이 언론과 학계에서 많이 등장하게 된 것은 케인스가 오래전에 금융 투기의 위험성에 대해 경고했다는 사실을 배경으로 합니다.

3부

경제학,
뭐가
궁금한가요?

01

경제학과에서는 무얼 배우나요?

경제학은 크게 미시 경제학과 거시 경제학이라는 두 가지 분야로 나뉩니다.

미시 경제학은 소비자와 생산자, 또는 노동자와 고용주 등과 같이 사회를 구성하는 개별 경제 주체의 행동이 어떤 원리에 의해 이루어지는가를 연구합니다. 이를테면 소비자는 주어진 예산으로 합리적인 의사 결정을 통해 자신의 만족을 최대화하려는 사람으로 정의됩니다. 당연히 가격이 변할 때 소비자는 행동을 바꿀 것이므로 그러한 행동 변화의 원리를 탐구하는 것도 미시 경제학의 영역입니다. 물론 소비자가 과연 어느 정도나 합리적인가를 연구하는 것도 미시 경제학의 주요한 과제가 되겠지요.

거시 경제학은 가계와 기업, 정부 등으로 이루어진 나라 경제 전체가 어떤 원리에 의해 운행되는가를 연구합니다. 개별 경제 주체의 행동 하나하나보다는 그것들이 모여서 가져오는 사회적 효과에 더 관심이 있는 셈입니다. 나라 경제가 부딪히는 여러 가지 문제들, 예를 들면 실업이나 인플레이션, 경기 변동, 경제 성장 등의 원인이 무엇이고 어떤 경제 정책을 통해 그러한 문제들을 효과적으로 다룰 수 있는가에 관해서도 연구합니다.

일반적으로 대학의 경제학과에서 배우는 가장 기본적이고 필수적인 두 과목이 바로 미시 경제학과 거시 경제학입니다. 곧바로 깊은 내용을 배우기에는 어려움이 있기 때문에 경제학 원론이나 경제학 개론 등의 입문 과목을 먼저 배우게 됩니다.

경우에 따라서는 똑같은 문제를 각각 미시 경제학과 거시 경제학의 시각에서 바라볼 수도 있습니다. 예를 들어 노동 경제학에서는 노동 문제를 개별 노동자의 노동 공급이나 기업의 노동 수요라는 미시적 접근을 통해 연구할 수도 있고, 노사 관계가 사회 전반에 미치는 측면이라는 거시적 관점에서 연구할 수도 있습니다.

경제학은 객관적 과학을 지향하지만 현실적으로는 연구하는 사람의 정치적, 경제적 입장에 따라 완전히 엇갈리는 분석이 나오는 경우도 많습니다. 노사 관계만 해도 노동자의 입장에서 바라보는 경제학이 있고, 고용주의 입장에서 바라보는 경제학도 있습니다. 그러므로 똑같은 미시 경제학이나 거시 경제학을 배운다고 하더라도 여러 가지 입장이 동시에 존재할 수 있음을 잊어서는 안 될 것입니다.

또한 경제학에는 수학과 통계학의 분석 도구가 많이 활용되므로 경제 수학이나 경제 통계학도 빼놓을 수 없는 과목입니다.

이상과 같은 기본적인 이론 과목 외에도 역사를 경제적 측면에서 공부하는 경제사, 그리고 경제학의 역사를 탐구하는 경제학사 같은 과목들도 경제학과의 커리큘럼에 포함됩니다.

02

경제학을 공부하면 돈을 많이 벌 수 있나요?

사람들이 흔히 오해하는 것 중의 하나가 경제학을 돈벌이에 관한 학문이라고 생각하는 것입니다. 실제로 한국에 처음 서구적인 의미의 경제학이 소개되었던 100여 년 전에는 경제학을 이재학(理財學), 즉 돈 버는 이치(요즘 용어로 하면 재테크쯤 될 것입니다.)에 관한 학문이라고도 불렀지요.

경제학에서 돈은 분명히 중요한 연구 주제입니다. 시장 경제 시스템이란 돈이 없으면 한순간도 굴러갈 수 없기 때문이지요. 그렇지만 경제학은 개인이나 기업과 같은 특정 경제 주체가 돈을 잘 버는 방법에 관해서는 연구하지 않습니다.

거시 경제학 분야에서는 당연히 나라 경제 전체의 운행 원리에 관해 연구하기 때문에 특정 기업이나 소비자의 이익에 대해서는 별다른 관심을 두지 않습니다. 물론 미시 경제학 분야에서는 인간의 경제적 활동이나 의사 결정 원리에 관해 연구하므로, 이러한 연구를 응용하면 어떻게 하는 것이 합리적인 소비 생활(또는 생산 활동)인지를 이해할 수 있게 도와줄 것입니다. 그렇지만 그것은 부수적인 효과일 뿐입니다. 경제학 원래의 목적은 사람들의 경제 활동이 사회 전체의 구조와 맞물려 어떻게 이루어지고 어떤 효과를 가져오는가를 탐구하는 데 있습니다.

경제학은 사회 과학의 중요한 분과 학문인데, 사회 과학이라는 것 자체가 개인의 행동이 어떻게 사회적 구조에 의해 영향을 받으며, 또 개인들의 행동이 모여 어떻게 사회를 이루는가를 다루는 학문인 것입니다. 그러므로 경제나 경제학이라고 분류된 책들이 주식이나 부동산 투자를 어떻게 할 것인가를 다루는 것은 사회과학으로서의 경제학이라는 관점에서 보면 잘못된 것입니다.

물론 우리가 생활인으로서 살아가는 데 그러한 지식이 현실적으로 필요한 것은 사실입니다. 그렇지만 경제학이라는 학문의 본령에서는 많이 벗어난 것이지요. 그러므로 경제학을 공부하면 돈을 많이 벌 수 있다고 기대하지는 말기 바랍니다. 마찬가지로 돈을 잘 벌기 위해 경제학과에 진학한다면 공부하면서 실망할 가능성이 큽니다.

03

경제학 연구 결과는
어떻게
이용되나요?

거시 경제학적 연구, 즉 우리가 살고 있는 나라 경제 전체의 물가나 실업 등의 문제를 다루는 연구는 정부의 경제 정책에 직접적으로 이용됩니다.

흔히 경제 상황이 주기적으로 좋아졌다 나빠졌다 하는 것, 즉 경기 변동을 놀이공원의 롤러코스터에 비유하곤 합니다. 롤러코스터는 기계의 힘을 이용하여 높은 곳까지 올라갔다가 동력을 끊는 순간 물리적 법칙에 의해 빠른 속도로 상승과 하강을 거듭합니다. 스릴을 맛보기 위한 놀이 기구라면 상승과 하강의 속도가 빠르고 진폭이 클수록 좋겠지만, 만약 그것이 경제 상황이라면 얘기가 달라집니다.

물론 전체적인 추세로는 올라가야 하겠지만(경제 성장), 그 속도가 너무 빨라도 문제가 됩니다. 이른바 경기 과열 때문에 물가가 지나치게 상승하면 안 되겠지요. 어쩔 수 없이 성장이 정체되거나 약간 내려올 수도 있겠으나 너무 빠른 속도로, 오랫동안 경기가 침체되어서도 안 될 것입니다.

현대 사회에서 대부분의 정부는 경기가 너무 과열될 때는 속도를 조절하고, 경기가 너무 나쁘면 끌어올리는 정책을 실시합니다. 이러한 정책을 제대로 실행하기 위해서는 무엇보다도 현재 경기가 어떤 상태인지 정확하게 파악해야 합니다. 현재의 문제점과 원인을 찾아낸 다음, 극복을 위한 구체적인 정책 수단을 결정해야 합니다. 많은 경제학자들이 대학이나 경제 연구소, 금융 기관 등에서 수행하는 거시 경제학적 연구의 결과는 바로 이러한 정책을 위해 활용됩니다.

미시 경제학적 연구, 즉 개인 소비자나 기업의 경제적 행동을 다루는 분야의 연구는 개별 경제 주체의 이익을 위해 활용될 수도 있습니다. 예를 들어 소비자들이 가격 할인에 어떻게 반응하는지를 경제학적으로 면밀하게 연구한 기업은 제품 가격을 적절하게 할인하거나 하지 않음으로써 더 많은 이윤을 얻을 수도 있습니다.

요즘 주위에서 흔히 볼 수 있는 할인 쿠폰, 가령 몇 번 이상 구입하면 한 번은 공짜로 준다든가, 통신사 카드를 가져오면 할인을 해 준다든가 하는 것들은 모두 미시 경제학에서 다듬어진 가격 차별 이론에 기초한 것입니다.

그런데 이러한 연구는 사회를 좀 더 바람직한 방향으로 움직이는 데 사용되기도 합니다. 사람들이 경제적 이익이나 손해에 어떻게 반응하는지를 잘 연구하면, 그 결과를 활용하여 정부가 효율적인 경제 정책을 집행할 수 있습니다.

04

경제학 공부를 하려면
수학을 잘해야
하나요?

경제학은 경제 문제를 분석하는 학문이므로 당연히 여러 가지 경제 변수들을 다룹니다. 흔히 국민 소득이라고도 부르는 GDP(국내 총생산)나 물가, 이자율, 실업률, 통화량 등의 변수들이 그것입니다. 이러한 경제 변수들은 모두 양적인 크기가 있습니다. 통계청에서 발표하는 각종 통계 지표들을 보면 대부분 경제생활과 관련된 것들입니다. 경제 활동의 성과 또한 즉각적으로 계산 가능한 양으로 표시됩니다. 그러므로 경제학이 일단 숫자를 많이 다루는 학문이라는 사실만은 분명합니다.

물론 숫자를 다룬다는 것과 학문으로서의 수학이 도구로서 사용된다는 것은 약간 다른 문제입니다. 경제학의 역사에서 수학이 본격적으로 사용되기 시작한 것은 대체로 19세기 후반, 이른바 신고전학파라고 불리는 경제학의 흐름이 등장하면서부터라고 할 수 있습니다. 구체적으로는 미적분학의 개념이 체계적으로 경제학에 도입되기 시작하였습니다. 최근에는 집합론이나 위상 수학 등 고등 수학의 도구들이 경제학에 광범하게 사용되어서 심지어는 물리학자보다 경제학자가 수학을 더 많이 사용한다는 우스갯소리가 있을 정도입니다.

그렇다면 경제학은 왜 수학을 이렇게 많이 사용할까요? 경제학자들이 서로 다른 입장에서 이론을 주장하다 보면 어떤 기준으로 옳고 그름을 판단해야 할지 명확하지 않은 경우가 많이 생겨납니다. 더구나 현실은 매우 복잡하기 때문에 어느 정도는 단순화해서 설명하는 것도 필요하지요. 비행기가 이착륙할 때 바람이 미치는 영향에 관해 알고 싶어서 작은 모형 비행기를 만든다고 합시다. 이때 모형 비행기는 실제 비행기의 특성을 잘 반영하도록 만들어야 하겠지만, 연구 목적과 상관없는 부분까지 자세히 만들 필요는 없을 것입니다.

이와 비슷하게 경제학자들은 복잡한 경제 현실을 설명하기 위해 자신들이 연구하고자 하는 몇 가지 핵심적인 변수들 간의 관계를 모델을 통해 표현하고자 합니다. 이때 모델을 만드는 가장 편한 방법이 수학적 도구를 사용하는 것이지요.

물론 수학이 만능은 결코 아닙니다. 앨프리드 마셜이라는 영국의 유명한 경제학자는 경제학에서 가장 좋은 방법은 말로 설명하는 것이고, 가장 나쁜 방법이 수학으로 설명하는 것이라고 말했습니다. 사실 수학 자체가 중요한 게 아니라 수학적 표현 뒤에 숨어 있는 경제 현상에 대한 생각이 훨씬 더 중요합니다. 물론 수학을 잘하면 경제학을 공부하는 데 유리하겠지만, 흔히 생각하듯 수학 문제를 잘 푸는 기술이 필요한 것은 아닙니다. 경제 현상을 수학적 관계로 바꿔 생각할 수 있는 창의적인 능력이 필요한 것이지요. 사회 현상을 남다른 관찰력으로 꾸준하게 바라보는 능력을 가졌다면 수학 성적 때문에 너무 기죽을 필요는 없습니다.

05

경제학과
경영학은
무엇이 다른가요?

경영학은 기본적으로 기업을 어떤 원리에 따라 운영해야 하는가를 연구하는 학문입니다. 물론 기업 말고도 일반적인 조직체들, 학교나 병원, 행정 조직 등을 관리할 때도 적용될 수 있는 원리들을 탐구합니다. 그렇지만 현실적으로는 기업 경영을 연구하는 것이 가장 흔하지요. 기업은 이익을 많이 얻어 지속되는 것을 목표로 하는 조직이기 때문에 경영학은 어떻게 하면 효율적인 경영을 통해 이익을 얻을 수 있을까를 주된 관심사로 삼습니다.

경제학은 기업이나 소비자와 같은 개별 경제 주체의 행동을 연구하기는 하지만 궁극적으로는 그러한 경제 주체들이 모여서 운영되는 나라 경제의 움직임에 관심을 갖습니다. 물론 최근의 미시경제학 연구에서는 나라 경제와 무관해 보이는, 심지어는 이것이 과연 경제 현상인가 싶기도 한 주제를 다루기도 합니다. 그러나 제대로 된 경제학자라면 "이렇게 하는 것이 어떤 기업의 이윤 극대화에 도움이 된다."는 식의 주장을 하지는 않습니다.

다소 엉성한 비유가 되겠지만, 경영학이 의학에 가깝다면 경제학은 생물학에 가깝다고 할 수 있습니다. 우리가 병균의 생태에 관해 생물학적 연구를 한다면 궁극적으로 그 병균 때문에 생기는 질병을 고치는 의학적 방법을 찾아낼 수 있을 것입니다. 그렇지만 생물학의 일차적 관심은 실용적으로 질병을 고치는 것보다는 해당 병균에 관해 충분히 연구하는 데 있겠지요. 이 비유는 지나칠 수도 있겠으나 경영학이 훨씬 더 실용적인 학문임에 반해 경제학은 실제적 활용 못지않게 경제생활의 작동 원리를 이론적으로 탐구하는 데 더 큰 관심이 있음을 말해 줍니다.

물론 경제학은 경영학의 이론적 기초 중의 하나를 이루기 때문에 두 학문은 밀접한 관련이 있습니다. 예를 들어 경제학에서 화폐 금융론이라 부르는 연구 분야는 경영학에서는 재무 관리라고 부르는 분야와 사실상 같은 주제를 다룹니다. 한자어에서 유래한 말이기는 하지만, 이 명칭만 보아도 두 학문의 미묘한 차이점을 알 수 있습니다. 경영학에서 주로 기업이 돈 문제(재무)를 어떻게 관리하는가에 초점을 맞춘다면, 경제학은 화폐 및 금융 그 자체가 연구 대상이 되는 것입니다.

06

똑같은 일을 하는데
왜 월급이
다른가요?

최근 한국에서는 비정규직 노동이 매우 걱정스러운 사회 문제가 되었습니다. 비정규직 노동은 정규직 노동과는 달리 언제든지 쉽게 해고당할 수 있다는 점에서 일자리를 유지하는 것이 매우 불안정합니다. 그뿐만 아니라 똑같은 일을 하면서도 월급(또는 일당이나 시간급—경제학에서는 일반적으로 '임금'이라고 부릅니다.)은 훨씬 적게 받기도 합니다.

이러한 현상을 아주 단순한 경제학적 원리로만 설명하면 대답은 간단합니다. 임금도 낮고 불안정한 일자리라 하더라도 일하겠다는 사람은 많은 반면에 그러한 일자리마저도 양이 한정되어 있기 때문입니다. 즉 수요에 비해 항상 공급이 많기 때문에 수요자인 기업 입장에서 굳이 높은 임금과 안정적인 고용 조건을 제공해 줄 필요가 없다는 것이지요.

그런데 사실 수요 공급의 원리 그 자체로만 설명해서는 진짜 중요한 원인에 다가가지 못하는 경우가 많습니다. 여러분이 어느 날 피자가 먹고 싶어졌다고 해 봅시다. 이왕이면 고급 이탈리아 레스토랑에서 파는 피자를 먹고 싶었으나, 돈이 많지 않아서 고민하다가 편의점에서 값싼 즉석 피자를 사다 먹습니다. 여러분의 이러한 행동을 수요 공급의 원리에 따라 자유롭게 의사 결정을 내린 결과라고 설명하면 어떨까요? 그 자체로 맞는 말이지만 왠지 경제학이 정말로 설명해야 할 무엇인가를 놓치고 있다는 생각은 들지 않나요? 비정규직 노동 문제도 마찬가지입니다.

시장 경제의 가장 중요한 원리는 "똑같은 물건은 가격이 똑같다."라는 것입니다. 이를 노동에 응용해 보면 '동일 노동 동일 임금', 즉 같은 일을 하면 같은 임금을 받아야 한다는 원칙이 될 것입니다. 그렇다면 논리적으로 생각해 볼 때 비정규직의 임금이 적은 것은 둘 중의 하나입니다.

하나는 사실은 같은 일을 하는 게 아니라는 논리가 있을 수 있고, 다른 하나는 어떤 사회적, 제도적 요인 때문에 같은 일을 하는데도 임금이 같지 않게 되었다는 논리입니다. 임금이 무엇인가라는 점만 생각해 보아도 그것이 노동자 및 부양가족의 생활비라는 주장도 있을 수 있고, 그때그때 한 일의 대가라는 주장도 가능합니다.

예를 들어 한국이나 일본에는 연공제 임금이라는 것이 오랫동안 발전해 왔는데, 이에 따르면 한 직장에서 오래 근무한 사람은 그 근무 기간에 따라 자동적으로 임금이 많아집니다. 10년 근무한 30대의 노동자는 1년 근무한 20대 노동자보다 월급이 많다는 것이지요. 실제로 일은 20대 노동자가 더 많이 했거나 더 효율적으로 잘했는데도 그렇다는 것입니다. 여기에는 여러 가지 이유가 있겠지만, 나이가 든 노동자일수록 부양가족의 생활비가 많이 들 것이므로 더 많은 임금을 주어야 한다는 일종의 사회적 합의가 작동한 탓이기도 합니다.

그런데 흔히 '신자유주의'라고 부르는 세계적인 경제 구조의 변화와 더불어 점점 더 임금은 일한 것에 대한 대가라는 생각, 노동력도 다른 상품들처럼 쉽게 사고팔 수 있어야 한다(사실 핵심은 쉽게 해고할 수 있어야 한다는 것입니다.)는 생각이 확산되기에 이르렀습니다.

특히 한국에서는 1997년에 IMF 위기라 불리는 커다란 경제 위기를 겪으면서 이와 같은 생각이 현실적으로도 큰 힘을 얻게 되었습니다. 그 결과 비정규직 노동자 문제도 빠른 속도로 확산되기에 이른 것입니다. 이전보다는 훨씬 더 신축적으로 고용과 해고를 선택할 수 있도록 법률도 바뀌었지요.

이와 같이 경제 상황의 변화에 따라 법이나 제도, 정치 사회적 분위기 등이 변하면서 비정규직은 설사 같은 일을 하더라도 정규직보다 적은 임금을 주어도 된다는 사고방식이 퍼져 나간 것입니다. 만약 사람들, 나아가 사회가 노동 문제를 생각하는 방식이 바뀐다면 정규직과 비정규직에 대한 견해, 그리고 법이나 제도 등도 얼마든지 바뀔 것입니다.

그 밖에도 2부에서 마르크스에 관해 말한 것처럼, 기술 진보의 결과 핵심적인 일은 기계나 컴퓨터가 하고 노동자가 하는 일은 점점 덜 중요해진다는 사실도 비정규직 문제의 원인으로 작용합니다. 그다지 중요하지 않은 일에 대해서는 일부 노동자만 정규직으로 고용하고 대부분은 비정규직으로 남겨 두면, 그만큼 노동자들 사이의 경쟁이 심해지겠지요. 결국 고용주는 노동자를 통제하기에 비정규직 고용이 유리한 측면이 있기 때문에 비정규직을 줄이고 정규직 고용을 늘리는 것을 꺼리게 됩니다.

주니어 대학

07

한국은행 직원들에게는
돈을 찍어서
월급으로 주면
되나요?

한국은행은 우리나라의 중앙은행입니다. 중앙은행은 흔히 '은행의 은행'이라든가 '최후의 대부자'라는 이름으로 불립니다. 우리가 은행에 돈을 예금하면 은행은 그 돈을 필요로 하는 사람들이나 기업에 대출하여 이익을 얻습니다. 예금 이자율보다 대출 이자율이 높기 때문에 그 차익을 통해 은행은 돈을 버는 것입니다.

그런데 은행이 너무 이익만 추구하다 보면 대출에만 신경을 쓴 나머지 예금을 충분히 보관해 두지 않을 가능성이 있습니다. 만약 예금했던 사람이 은행에 가서 돈을 찾으려는데 돈이 부족해서 찾을 수가 없다면 큰일이 나겠죠?

은행은 다른 기업과 달라서 사람들이 은행에 대한 신뢰를 잃어버리면 경제 전체에 엄청난 위협이 될 수 있습니다. 아무도 돈을 맡기려 하지 않을 것이고 그러면 여유 자금이 없어 기업에게 대출이 안 되고, 결국 나라 경제가 제대로 돌아가지 않을 테니까요.

그래서 역사적인 경험을 거치면서 대부분의 나라에서 중앙은행이 자리를 잡게 된 것입니다. 중앙은행은 은행이 예금 지급 요구에 대응하지 못하는 상황을 막기 위해 예금의 일정 부분을 강제로 맡기게 하고 맨 마지막에 대부해 주는 역할을 합니다. 또한 중앙은행은 국가의 금고 역할도 하며 돈을 얼마나 찍어 낼 것인지, 이자율은 어떻게 유지할 것인지 등의 금융 정책 전반에 걸쳐 의사 결정을 합니다.

중앙은행의 매우 중요한 역할 중의 하나는 바로 화폐 가치를 안정적으로 유지하는 데 있습니다. 화폐 가치가 너무 큰 폭으로 변동하면(현대 경제에서는 주로 인플레이션, 즉 돈의 가치가 지나치게 빠른 속도로 떨어지는 경우가 문제입니다.) 사람들이 정상적으로 계획을 세워 경제생활을 하는 것이 불가능해지기 때문입니다.

한국은행은 법률상 '무자본 특수 법인'입니다. 일반적인 회사와는 달리 자본금이 없다는 뜻입니다. 스스로가 돈을 만들어 내는 기능, 즉 발권 기능을 갖기 때문이지요. 그러므로 어떻게 생각하면 한국은행 직원들은 월급으로 돈을 찍어서 받는다고 말할 수도 있겠습니다. 그렇지만 당연히 무조건 돈을 찍어 낼 수는 없겠지요?

구한말에 처음으로 돈을 찍는 기계가 수입되었을 때, 어떤 대신이 "전하, 우리도 이제 필요하면 돈을 찍어 낼 수 있으니 곧 부자 나라가 될 수 있습니다."라고 흥분해서 말했다는 야사가 있습니다. 그렇게 하면 어떤 일이 벌어질까요? 돈의 가치가 급격하게 떨어지면서 물가는 폭등할 것이고 사람들이 돈, 나아가 금융에 대한 신뢰를 잃어버릴 것이므로 나라 경제는 파국을 겪게 될 것입니다.

08

왜
어떤 나라는 잘살고
어떤 나라는
못사나요?

가장 먼저 영국에서 산업 혁명이 일어나서 자본주의 시장 경제가 확립된 지도 벌써 200년 이상이 지났습니다. 하지만 여전히 세계에는 잘사는 나라가 있는 반면 인구의 대다수가 하루 1달러 미만의 식비로 살아가야 하는 가난한 나라도 있습니다. 왜 어떤 나라는 잘살고 어떤 나라는 못사는가라는 질문은 경제학자들이 대답해야 할 가장 중요한 문제들 중의 하나라고 할 수 있습니다.

약간 황당하게 들릴지 모르지만, 어떤 나라가 못사는 것은 그나라 국민들이 게으르기 때문이라는 답변도 있을 수 있습니다. 사실 대놓고 이렇게 말하는 경제학자는 찾아보기 힘들지만, 은연중에 그렇게 주장하는 이론들도 있습니다.

질문을 바꿔서 어떤 나라가 왜 잘사는지를 설명할 때 그 나라 국민들이 부지런하기 때문이라고 답하면 어떨까요? 그 나라 국민들 입장에서 보면 꽤 기분 좋은 일이니 손쉽게 받아들일 수 있는 설명입니다. 제2차 세계 대전 이후에 패전국의 위치에서 출발하여 급속한 경제 성장을 이룬 독일(과거에는 서독)이나 일본, 심지어는 한국의 경제 성장을 설명할 때 흔히 들을 수 있는 '높은 교육열을 갖춘 우수한 노동력' 같은 식의 설명이 그것이지요.

재화와 서비스의 생산은 그 생산에 필요한 요소, 즉 노동력이나 기계, 원료, 재료 등의 투입량과 요소들을 결합하는 방식인 생산 기술의 수준에 의해 결정됩니다. 나라 전체의 경제 성장도 비슷한 방식으로 설명할 수 있습니다. 즉 어떤 나라에 존재하는 노동력의 양과 질, 자본 축적 수준, 기술 발전의 상태 등이 그 나라의 경제 성장을 결정하는 것입니다.

먹고살기에도 힘들 정도로 너무 인구가 많아도 문제지만, 일정 수준 이상의 경제 성장을 유지하기 위해서는 생산을 담당할 수 있는 노동력이 충분히 공급되어야 합니다. 최근 일본이나 한국에서 출산율의 감소가 경제 성장을 막는 요인이 될 수 있다고 걱정하는 것은 이러한 측면에서 이해할 수 있습니다.

물론 같은 숫자의 노동력이라 하더라도 얼마나 교육을 많이 받은 노동력인가에 따라 얘기가 달라집니다. 많은 경제학자들의 연구에 따르면, 교육에 대한 투자가 많아질수록 궁극적으로는 경제 성장에 도움이 됩니다. 자본 축적 수준 또한 마찬가지로 중요합니다. 기업이 얻은 이윤을 허투루 써 버리지 않고 생산적인 분야에 많이 투자할수록 자본 축적도 증가하며 일자리도 생겨나게 됩니다.

마지막으로 노동력과 자본의 양만 무작정 늘어난다고 해서 지속적인 경제 성장을 이룰 수는 없습니다. 연구 개발 투자 및 과학 발전 등을 통해 새로운 기술을 만들어 내고 익힘으로써 질적인 비약을 할 수 있습니다.

그런데 이상과 같이 생산 요소에 기초한 설명만으로는 세계적

규모로 동시에 존재하는 부와 빈곤을 설명하기에 부족합니다. 가난한 나라에는 일하고 싶어도 제대로 된 일자리가 별로 없기 때문에 사람들이 게으른 것처럼 보일 수도 있습니다. 그러나 게을러서 일을 안 하는 것과 일이 없어서 못하는 것은 분명히 다릅니다. 너무 가난해서 제대로 된 교육을 받지 못하기 때문에 우수한 노동력이 되지 못하여 좋은 일자리를 얻지 못합니다. 혹시 교육을 받았다 하더라도 좋은 일자리가 없어서 노동력을 제대로 써 보지조차 못할 수도 있지요.

어떤 나라가 부유해지는 것은 다른 어떤 나라가 가난한 것과 밀접한 관련이 있기도 합니다. 과거 제국주의 국가들이 식민지를 지배하던 시대에는 본국의 성장이 식민지에 대한 가혹한 착취와 연결된 경우도 많았습니다.

결국 단순히 국민의 근면성이나 노동력, 자본 등의 생산 요소와 같은 요인만이 아니라 사회 구조적 요인, 그리고 국가 간 관계까지 충분히 고려하면서 부와 빈곤을 설명해야 할 것입니다. 물론 아직까지는 경제학자들이 누구나 동의할 수 있는 만족할 만한 대답을 제시하지는 못하는 실정입니다.

09

나라마다
햄버거 가격이 왜
다른가요?

유럽 연합처럼 서로 다른 나라들이 똑같은 돈을 사용하는 경우도 있지만, 일반적으로 각 나라는 자기 나라의 돈을 사용합니다. 경제학에서 말하는 국민 경제라는 것도 기본적으로는 같은 돈을 쓰는 경제권을 가리키는 것입니다. 그러므로 다른 나라들끼리 상품을 사고파는 등의 거래를 할 때는 서로 다른 돈의 교환 비율, 즉 환율을 결정해야 합니다.

시대에 따라 환율이 결정되는 방식은 달랐으나, 요즘은 그때그때의 수요와 공급에 의해 환율이 시시각각으로 변하는 변동 환율제가 실시되고 있습니다. 1달러 = 1,200원 하는 식으로 두 나라 통화 간의 교환 비율이 각각의 돈에 대한 수요와 공급의 차이에 의해 결정되지요.

사실 이 환율이 정확하게 돈의 가치를 반영하는 것이라면 한국에서 1달러에 해당하는 돈으로 살 수 있는 것을 일본에서도, 미국에서도 살 수 있어야 합니다. 그러나 현실적으로는 그렇지 못합니다. 한국에서는 1달러면 살 수 있는 것이 미국에서는 2달러를 주어야 하는 경우가 종종 있지요. 그래서 영국의 《이코노미스트》라는 경제 전문지에서는 오래전부터 세계 주요 도시에서 널리 팔리는 빅맥(맥도널드에서 판매하는 햄버거)의 가격이 얼마인가를 기준으로 각 나라의 물가를 비교하는 '빅맥 지수'라는 것을 발표하고 있습니다.

빅맥 하나가 뉴욕에서 4달러인데 서울에서는 4,000원이라고 가정해 봅시다. 그렇다면 달러화와 원화의 교환 비율은 1대 1,000이 되는 게 적절해 보입니다. 그런데 실제 환율은 1달러 = 1,200원이라면 달러화가 너무 높게 평가되고 있는 셈이지요. 물론 원화는 너무 낮게 평가되는 셈입니다. 실제로 빅맥 지수를 보면 그 시점의 환율과는 일치하지 않는 것이 보통입니다.

이러한 상황이 생기는 데에는 여러 가지 이유가 있습니다. 그중에서 대표적인 것이 나라들 사이에 수출이나 수입을 통해 거래되지 않는 재화나 서비스가 존재하기 때문입니다. 그중에 대표적인 것은 미용실에서 머리를 자르거나 전자 제품을 수리하는 등의 일을 해 주는 이른바 서비스라는 것입니다. 반드시 그런 것은 아니지만 대체로 선진국은 인건비가 비싸기 때문에 똑같은 서비스라도 상대적으로 비싼 가격을 받습니다. 만약 노동력이 국경을 넘어 자유롭게 이동할 수 있다면 이러한 현상은 생기지 않을 것입니다. 그러나 그것은 쉽지 않기 때문에 이런 상태가 유지되는 것이지요.

그 결과 예를 들면 미국의 1인당 국민 소득이 한국보다 두 배가 많다고 하더라도 평균적인 미국 국민이 누리는 생활 수준이 꼭 한국 국민의 생활 수준의 두 배라고 말하기는 어려운 것입니다.

주니어 대학

10

경제 위기는
왜
생기죠?

거시 경제는 일률적으로 성장만 하는 게 아니라 크고 작은 주기적인 상승과 하강, 즉 경기 변동을 겪습니다. 경제학자나 경제 전문가 들은 경기 변동의 추세를 파악하고 예측하기 위해 많은 노력을 기울입니다.

경기 변동의 원인에 대해서는 여러 가지 학설과 이론이 있습니다. 케인스가 강조하였던 요인 중에는 기업의 투자가 매우 불안정하다는 것을 들 수 있습니다. 경기 전망이 좋으면 기업은 돈을 빌려서라도 투자를 늘리다가 전망이 나빠지면 투자를 급격하게 줄입니다. 반면에 개인의 소비는 크게 변하지 않습니다. 경기가 나쁘다고 해서 하루 세 끼가 아니라 한 끼만 먹고살 수는 없기 때문이지요. 이렇게 기업의 투자가 매우 불안정하기 때문에 그것이 경제 전체에 파급 효과를 미치면서 경기 변동을 가져오게 됩니다.

아주 장기적인 요인으로는 커다란 기술 변화가 주기적으로 일어나기 때문이기도 합니다. 예를 들어 컴퓨터나 인터넷의 등장은 우리의 삶을 크게 변화시킬 뿐만 아니라 노동 생산성도 높이고 새로운 사업 영역도 많이 열어젖히게 됩니다. 그러나 이러한 기술 발전이 늘 일어나기를 기대할 수는 없겠지요. 미리 운명처럼 결정된 규칙이 있는 것은 아니겠으나, 커다란 기술 혁신이 몇 십 년마다 한 번씩 일어나면서 그 결과로 몇 십 년을 주기로 하는 커다란 경기 변동이 일어나기도 합니다.

비유하자면 커다란 파도와 작은 파도가 서로 얽히고설키면서 일어나는 것과도 같이, 단기간의 투자 변동과 장기간의 기술 변동은 서로 영향을 주고받으면서 롤러코스터 같은 경기의 상승과 하강을 가져오는 것입니다.

특히 1980년대 이후 세계화가 급속하게 진전되고 정보 통신 기술이 발전하면서 어느 한 나라의 경기 변동은 그 나라만의 문제가 아니라 세계 전체의 문제가 되는 경우가 많아졌고, 그 전달 속도도 매우 빨라졌습니다. 마치 어느 나라에서 생긴 독감이 여러 나라로 전염되는 것과 비슷하지요. 세계 여러 나라들의 금융 시장이 통합되면서 이익을 좇아 국경을 넘어 빠른 속도로 움직이는 돈의 규모도 커졌습니다.

예를 들어 경제 규모가 작은 어떤 나라에 외국 자본이 급속하게 몰려들었다가 무슨 이유로 급속하게 빠져나가면, 그 나라는 실제 경제 상황에 특별한 문제가 없었다고 하더라도 큰 위기에 빠질 수가 있습니다. 꼭 그 이유 때문만은 아니지만 1997년에 한국에서 일어난 이른바 IMF 위기에도 비슷한 측면이 있습니다. 갑자기 많은 외국 자본이 국외로 빠져나가게 되면 그 나라의 국가 신뢰도가 형편없이 떨어지고 그 나라 돈의 가치도 급격하게 떨어집니다. 당연히 기업이 투자 자금을 마련하기도 어려워지고 소비자들은 급격하게 떨어진 돈의 가치 때문에 일어나는 인플레이션을 겪게 되지요. 또한 돈을 빌리기 어려워진 많은 기업들이 도산하고, 그 과정에서 실업률도 크게 높아집니다.

2008년에 미국에서 주택 가격이 하락하면서 발생한 금융 위기가 전 세계로 퍼져 나갔고 유럽과 아시아에서는 큰 문제인 데서도 알 수 있듯이, 경제 위기에 대응하는 것도 이제는 한 나라 혼자서 할 수 있는 일이 아니라 국제적인 협조가 필요한 문제가 되었습니다.